"为什么我不是你?"
孩子的96个怪问题

[法] 汤米·温格尔 著/绘　　潘霓 译

文匯出版社

图书在版编目（CIP）数据

孩子的96个怪问题 /(法) 汤米·温格尔著、绘；
潘霓译. —— 上海：文汇出版社，2020.8
　　ISBN 978-7-5496-3233-6

Ⅰ.①孩… Ⅱ.①汤… ②潘… Ⅲ.①哲学 – 少儿读物 Ⅳ.①B-49

中国版本图书馆 CIP 数据核字（2020）第 098172 号

Ask Me a Question by Tomi Ungerer
First published in 1968 by Harper & Row Publishers, New York
Copyright © 2014 by Diogenes Verlag AG Zürich
Simplified Chinese translation copyright © 2020 by Dook Media Group Limited
All rights reserved

中文版权 © 2020读客文化股份有限公司
经授权，读客文化股份有限公司拥有本书的中文（简体）版权

版权代理：北京华德星际文化传媒有限公司
著作权合同登记号：图字 09-2020-522

孩子的96个怪问题

作　　者 / （法）汤米·温格尔
译　　者 / 潘　霓

责任编辑 / 张　涛
特邀编辑 / 张　迪　孙宁霞
封面设计 / 吕倩雯

出版发行 / 文汇出版社
　　　　　　上海市威海路755号
　　　　　　（邮政编码200041）
经　　销 / 全国新华书店
印刷装订 / 北京中科印刷有限公司
版　　次 / 2020年8月第1版
印　　次 / 2020年8月第1次印刷
开　　本 / 787×1092mm　1/16
字　　数 / 31千字
印　　张 / 7.5

ISBN 978-7-5496-3233-6
定　　价 / 78.00元

侵权必究
装订质量问题，请致电010-87681002（免费更换，邮寄到付）

我不认为一切都是合理的

高深的哲学是一种大脑练习,但对于普通人来说,就太过精密了。我年轻的时候,也曾刻苦钻研过那些伟大的哲学家,诸如康德、笛卡儿、乌斯宾斯基和克尔凯郭尔的思想,但最终只得承认我根本无法理解他们的学说。很简单,我就是没有那种智商理解这些高高在上的思想。

我一向对那些所谓"可靠"的理论保持警惕。我小时候生活在阿尔萨斯地区,当时在纳粹统治下,只有一个简单的思考办法:"不要思考——领袖会为你思考。"

而我呢,则一直坚持独立思考的自由。有时,为了寻找一个既简单又实用的答案,不管是从自己还是别人的角度,我仍然喜欢深入地思考。我的脑子不仅是长着腿的,还经常像蜈蚣一样自由而快速地爬行。

当《哲学》杂志的编辑亚历山大·拉克鲁瓦联系到我,想让我负责一个专门回答孩子们提问的写作专栏时,我紧紧地抓住了这个机会,想尽可能地利用好它。

在好几年前的一次公共辩论上,一位瑞士幼儿园园长当着所有人的面与我对峙,并声明,在她有生之年绝对不允许任何一本汤米·温格尔的书出现在她掌管的机构内！也许像众多教育者一样，她从未体验过作为家中的母亲，被一群小怪物环绕膝下的感觉。

在她眼里，孩子们都是需要被保护的脆弱的小生灵，需要与那个由邪恶的灵魂所统治的世界隔离。

就我个人而言，我一直生活在一种被我妻子称之为"磕磕绊绊"的发展状态中，由此我保留着一定程度的天真、稚气和童趣，这让我总能感受到探索和发现的乐趣。我每一次乘坐飞机，都像是第一次一样！

在展现让人出乎意料的幽默感方面，孩子们跟我水平相当。我的榜样就是伊索寓言、拉·封丹寓言和埃里希·卡斯特纳的寓言故事。

我有幸成为卡尔斯鲁厄大学的哲学名誉博士，虽然这是一项很高的荣誉，但我从来都没把它太当一回事；相反，我喜欢用一种荒诞的方法控制自己的逻辑。如果像帕斯卡尔所说，"人类是一根会思考的芦苇"，那么到了夏天快结束的时候，这根芦苇上就会长出一圈种子，看起来跟黑色猪血肠似的，并能一直飞到沙漠的边缘。

亚历山大·拉克鲁瓦编辑我的文章时，他修改了不少拼写错误，同时保留了带有我"诵读困难症"风格的行文特点，他也帮我修剪过长的句段，尊重我基于疑问和联系而形成的开放的思考方式，以及"为什么不呢"的原则。

在此期间，我迅速意识到，不能让自己的讥诮讽刺带坏孩子，而应该通过生活中最重要的调味剂——幽默，让他们理解尊重和分享。

除此之外，思想的自由尤为重要，它存在的意义就是让我们享有自由。对这一点，我不多说，便是最合理的做法。虽然自由是个神秘而无法解释的东西，但正是它丰富了我们的想象力，浇灌出无数奇思妙想之花。

在这个过程中，有很多问题都引发了我的自省，你们通过那些我用第一人称讲述的例子就能看出这一点。另外，适合一个人的答案并非也适合另一个人。例如，我的另一本书《不要给妈妈吻》可能就不适合缺乏关爱的孤儿。

在荒诞中，我也坚持现实主义。就像一棵橡树，在寒冬将至时长出针叶，以抵抗严寒。生活也是一场考验，要求我们去战胜这个世界上的不公和暴力。这一点，应该如实地告诉孩子们。

回答孩子们的问题，就是要站在他们的角度上思考，并且使用易于理解的成年人的词汇解释问题。要用从现实生活中发生的，或者用想象编织的例子来阐述答案。要告诉孩子们，尊重与笑容能克服一切问题，再来点荒诞的幽默感，我们都将成为未来的魔法师。

汤米·温格尔[1]

---

[1] 本书作者。曾任欧洲儿童和教育大使，荣获童书界的诺贝尔奖"国际安徒生大奖"。——编者注

1 人们怎么老爱提问啊？（7岁／马特奥）

回答：

这是为了满足自己的好奇心，获取知识，填补头脑里的空白。

提出的问题也分两种：

一种是与客观事实有关的实实在在的问题。对于这样的问题，得到的答案能让你获得知识。

另一种是抽象的问题，也就是关于情感、意识或者存在的感觉。这类问题的答案并没有一个标准的定论，得长篇大论地解释。

不管是哪种问题，我们都可以尽可能地提出来，当然了，你也可以翻翻字典和专业书籍。当你的头脑中充满智慧，就能像灯泡那样开始发光发热啦。

这两种提问，前者好比跑道上的飞机，后者则像树枝上的小鸟。虽然飞机没有羽毛，鸟儿没有发动机，却都可以飞起来。

2　小孩子是从什么时候开始思考的？（9岁／劳拉）

回答：

　　毫无疑问，从他呱呱坠地，并且脑子里想法成形时，就开始思考了。所以说，思考其实是一项出自本能的行为。只不过得长大一点儿，他才能用语言把想法表达出来。

　　在学会表达想法之前，小孩儿不是用哭闹吸引注意，就是用呻吟和尖叫宣告他肚子饿了或者哪儿不舒服了。不过，其实从很早的时候开始，他就已经会用笑容来表现自己的情绪了。如果没有思考，他又怎么会感受到这些情绪呢？

3　为什么有宇宙大爆炸这个说法？（6岁／汉娜）

回答：

　　我也不是什么都知道，必须承认，关于宇宙大爆炸理论，我一点儿也不懂。这东西，超过我脑子里的知识啦。对于我来说，星星就是这片黑色的天空天花板上一个一个的小洞洞。最重要的事儿，是生命中的三次大爆炸：出生，第一次坠入爱河，以及离开人世。

 **4 人类是怎样来到地球上的？**（5岁／波琳娜）

回答：

人类原本来自另一个星球，不过那个星球现在已经消失了。那时候，他们联系了一个星际穿梭旅行社。旅行社向他们保证，一定会让他们在另一个充满惊喜的世界里，度过一次终生难忘的旅程。哎呀！但没想到的是，这个旅行社不走寻常路，忘了说明回程的路费不包含在旅行费中。于是，这些刚开始懵懵懂懂、像猴子一样的人，决定在地球上繁衍生息。这一点，刚好能解释我们遗传基因中喜欢迁徙和旅行的因素。

5 神是男人还是女人？（9岁/马丁）

回答：

这要看具体的宗教了。基督教徒、穆斯林和犹太教徒认为，神是男性，他按照自己的形象创造了男人，然后又为了让男人有个伴儿，就创造了女人。在希腊、拉丁和印度神话中，则有许多女神。然而，在万物有灵论者眼中，动物才是神明。在埃及人心中，男神和女神们长着鹦、公牛或隼的脑袋，却有着人类的身躯。

神，就是大家狂热崇拜的对象。为了表示崇敬，人们为神建起了祭坛和庙宇。

崇拜金钱的人，修建了银行。

为美食欢呼雀跃的人，开创了三星米其林餐厅。

而那些像我一样热爱工作的人，则创建有利于发挥灵感的工作室，有时候还能达到了不起的规模。

神存在的意义，就是被人们崇拜。但如今，神经常被独裁者、电影明星或摇滚明星所取代，大家对这些人抱着盲目的狂热。所以说，神是男人还是女人，完全可以根据个人的爱好挑选。

6 石头能感到痛苦吗？（5岁/凯撒）

回答：

如果这些石头是用来做坟墓的，也许它们会感到痛苦。过着群居生活的鹅卵石肯定是最幸福的石头。只不过要是其中一块鹅卵石不见了，也许它身边的石头会有些感伤。至于小小的砂砾，只要不被水泥困住，它就是最自在的了。

7 黑暗中总是令人恐惧的是什么？（8岁/艾德琳）

回答：

当我们闭上眼睛时，就只能看见一片黑暗。盲人本来就生活在黑暗中，黑色就是他们最喜欢的颜色。他们是不会害怕在黑暗中摸索着前进的。

如果我们害怕黑暗，那是因为黑暗中可能隐藏着威胁，并且一般来说，那都是从我们的想象中生出的威胁：衣柜会把我给吃掉吗？我的床单会不会是幽灵变的？……对付这些威胁最好的办法，就是随身携带手电筒。

如果有什么东西让你紧张、害怕，你就跟它说话。如果它没反应，就说明根本什么都不存在。另外，你大可以吓唬它："装神弄鬼的家伙，我要把你扔进洗衣机里洗三个钟头，再用夹子夹着你的耳朵把你揪出来。"

黑暗能为现实生活带来神秘色彩，而这种神秘色彩，最适合制造那些吓得你睡不着觉的故事啦。

我闭上眼睛的时候为什么能看到小小的画面?

（7岁／路易斯）

回答：

因为我们有想象力。只要闭上眼睛，我们无意识地就能让想象中的画面浮现出来。闭上的眼帘就像一块屏幕，比电视机的屏幕更有意思，节目单也不固定呢。

睡觉的时候，我们眼睛里放的电影就是做的梦。要是没有眼皮，咱们可什么也看不成啦!

 **怎样告诉一个人我喜欢他呢？还有，如果我很害羞的话，怎么才能交到朋友呢？**（7岁半／玛雅）

回答：

我先给你讲一个故事，回答你的第一个问题。

12岁的安柏拉是个有些矜持、害羞，总是安安静静的，性格很孤立的孩子。她是我一位朋友的女儿。上个星期大家在一起吃饭，安柏拉就坐在我左边。用餐时，她把我的手捧在她的手里，悄悄地在我耳边说:"你的手真好看!"她这么做时,一点儿也不拘束,非常自然大方。就这样,她用如此简单的一个动作主动表达了对我的喜爱;而我呢,那颗81年来安安稳稳的心脏激动得都不知怎么按原来的节奏跳啦。假如一个人想表达他的爱或喜欢,行动总是比话语来得有效。但是对于腼腆的人来说,这确实没那么容易!

讲完这段故事,我再给你第二个问题的答案。其实啊,害羞是因为害怕自己会被别人笑话。为了克服这个难题并交到朋友,就必须咬牙坚定地从自己的保护壳里钻出来,就像那些为了学会游泳而直接把自己扔进水里的人一样。勇敢冲出第一步才是最重要的。

如果想开启一段对话,了解你选择的目标人物的口味和兴趣爱好会比较有用:她喜欢读书吗?她平常会做哪些运动?她最喜欢的娱乐项目是什么?

八岁以前,我一直寄住在一位特别严厉的传教士叔叔家,过着与世隔绝的生活。那时,我连一个能一起玩耍的朋友或同学也没有,直到1940年纳粹分子入侵,我才被安排进入社区学校念书。我随身携带着一个记录全班同学姓名的备忘录,每次跟谁成了好朋友,我就在他的名字前做个记号。第一个学期期末,我非常自豪地和所有同学都打成了一片。从前那个腼腆的小不点儿,变成了孩子王和大家的开心果。这个方法有点狡猾,不过说到底,要点小花招也比老一个人孤零零的强呀……

但这么做可不能保证每次都成功噢!我17岁那年,有一次去拉普兰远足。一天,在我回到哈默菲斯特的青年旅舍时,恰巧遇见两个法国人。能找到同胞我开心死了,忍不住滔滔不绝地跟他们聊起天来,却遭遇了其中一个人冷若冰霜的沉默,而另一个人竟然刻薄地说:"谁要你唠叨那么多你自己的事儿了?"所以呀,咱们随时都得准备好一根拖把,好把失败擦掉。

10 为什么我们会偏爱某些颜色呢？（8岁/阿黛尔）

回答：

我想，这是由于一些观念产生的联想，让我们偏爱某些颜色。正是这样，相对于鹅便便的颜色或灰绿色，我们总是更喜欢天空的蓝色和糖果的粉红色。盲人就没那么多选择啦，他们差不多只能喜欢黑色，不过这也是我最偏爱的颜色噢，我特别喜欢把它跟其他颜色对比着使用。

 **如果有人打了我一下，我能不能为了保护自己也打他一下？**（7岁/皮埃尔）

回答：

哎呀！为了赢得别人对你的尊重，我的答案是：可以。但要注意了！除非你有九点九成把握赢，再进行反击。

在1939年至1940年的"假战争"①中，法国海报上的标语是这样的："我们一定能赢，因为我们是最强大的！"然而，这句自负的大话最终以前所未有的惨败收场。

如果你的体格不够强壮，也可以用嘲讽和奚落让攻击你的人败下阵来。你只要把他说成是个可笑的笨蛋就行；再或者，还可以像大卫对歌利亚②那样用点计谋。要不，试试用灌满红药水的水枪制服你的敌人？

虽然我跟你说了这些点子，但我自己可是很讨厌暴力行为的，我更喜欢跟大家和和睦睦地相处。

---

① 也叫"静坐战"，二战初期英法两国向德国宣战，但实际并未真正交战。——译者注
② 出自《圣经》。非利士人入侵以色列，派巨人歌利亚出战。大卫率领以色列人抵抗，他大声痛骂歌利亚，趁其被骂得头昏脑涨，用甩石机投出石头，砸昏了歌利亚，趁机率领以色列人取得胜利。——译者注

12 当人们赢得战争后,能获得些什么?

(7岁/艾瑞克)

回答:

人们能赢得某场战役,但永远赢不了战争。对于参战的双方来说,无论是战争摧毁的一切,还是它带走的无辜生命,都太令人痛心了。

每一次战争中,获胜者的狂傲都将助长战败者的复仇情绪。一旦战争结束,便已经预示着下一场战争的开始。胜利从不代表凯旋的高歌。

据我所知，被夹在德国和法国之间的阿尔萨斯，就有过两次战败经历。1940 年，大战过后，德国人占领了阿尔萨斯，所有人都被禁止说法语。而 1945 年，当法国人重新夺回阿尔萨斯后，人们连一个德语词或一句阿尔萨斯话都不能再说。许许多多的人被强制招募进军队，先是穿着法军制服打仗，然后换成德军制服，之后又换回了法军制服！

话说回来，我们倒是见证了一个奇迹：在世界历史上，还从没有谁像法国和德国这两个民族这样，世世代代杀来杀去，却和解得这么快。天哪，这样的事还是别再重复了。两个民族在经历了可怕的战争后，最终还能和解，其实是非常罕见的。

至于我，我本人非常厌恶仇恨。

13 为什么会有钱？（10岁/希达）

回答：

因为做买卖的时候要用啊。以前呢，倒是有以物换物这种不精准的交易方式。有了钱，物品便有了明确的价格。

起初，人们用的是轧制着人像的金属货币，但金属既难携带又容易被抢。随着纸币被发明出来，方便倒是方便了，但是，哎哟，那可是易燃的东西！所以我们都说，钱会烫手啊。幸亏后来我们又有了银行卡，才能用看不见的钱来放肆消费啦。

 **14 动物都是有感情的吗？**（13岁／拉法埃拉）

回答：

没错，动物是有感情的。哺乳动物肯定有，尤其是跟人类情感相通的狗狗。它们向我们表达喜爱、忠诚、感激。它们能感受到我们的情绪，能在我们不开心时安慰我们，还能和我们分享快乐。这是唯一知道摇尾巴的动物（当然了，还有恐龙）！

而且，狗狗除了有感情，还有预感。有一天，我们村的神父坐在自己的车里正准备出门儿，他的狗也在车里。狗狗突然汪汪地大声叫起来，还上蹿下跳的。于是，神父停下车，想把狗狗赶出来。正在这时，他的车突然着起了火，很快就变成了一个熊熊燃烧的大火球！

关于家养动物，我能写的东西太多太多了，比如猪的敏感和聪明、马的智慧、鹅的敏锐、绵羊的团队精神，还有奶牛的敦厚老实。

但是，猫科动物不太擅长表露情感。我们在一期著名的马戏节目中看到，一头狮子为了表达对驯兽员的感情，一口把他给吞进肚子

里了。在动物群体之中也有一些行为,例如大象的葬礼、墓地和哀悼……这些都能显示出,它们会相互表达情感。另外,有多少动物,尤其是在鸟类中,是实行一夫一妻制,并且对伴侣至死不渝呢?

至于昆虫嘛,我就不知道它们是否能体验到很多情感了。但是,我猜螳螂在与配偶交尾后将对方吃掉,这也是因为爱吧。

15 为什么我总活着？（5岁/马尔克）

回答：

　　首先，我们并不能永远活着，而是只有在有生之年才是活着的。之后呢？我们很有可能得去其他地方继续活着了……睡着的时候，活着的时间就少了，这也是懒惰的人没活多久的原因。

　　活着的意义，在于意识到自己在地球上存在这个事实，并对此做出相应的行动。因此，这就要我们擦亮双眼好好生活啦！

16 我不喜欢失败。为什么这是个缺点？
（12岁/卡蜜儿）

回答：

　　人们不喜欢失败，也不一定要赢。对此，英国人有一个词——公平竞争。

　　我玩填字游戏的时候，最感兴趣的是这个游戏的美感。而且，我每次都事先做好了要丢分的心理准备，以便让我的"对手"（但其实我更愿意把他当成一个"搭档"），能够填上一个我不知道的词，让我有更多大展拳脚的机会。这么一来，有时候甚至我自己也能得到好处呢！

不惜一切代价地想赢，只会破坏游戏的快乐！而更糟糕的是，当赢的渴望迫使你弄虚作假，那才真叫可耻。

关于这种情况，就我所知，没有比输球的球迷制造骚乱更差劲的了。

17 为什么我们要学习新知识？（5岁半／亚历山大）

回答：

因为跟胃一样，脑子也需要粮食。记忆需要用新的知识来供养。

顺便想象一下，骆驼的脑子要是长在驼峰里，那它该有多聪明啊。这么大的脑子，能提供的信息真是太多了。

上学可不是苦役，而是特权。若你想问，如果老师既烦人、无聊又不公平怎么办？这还不简单：试着比他懂得的知识还多，就能把他压住了。

课堂上教的知识还远远不够。出于对知识的热情，我从各种领域积累了丰富的知识。从小的方面来说，通过集邮，我探索了满是奇妙地名的地理学：瓦利斯和富图纳群岛、坦噶尼喀湖、哥斯达黎加……

我曾骑着单车,穿行几十公里去寻找化石和矿藏。17岁时,我很自豪地发现了一处放射性矿物质层。后来,那儿还被官方机构用栅栏围起来了呢。甚至当我在搭车旅行途中,还随身带着一把地质锤和

一个装着沉沉的石头的背包。在芬兰的拉普兰区，我收获了丰富的磁铁矿。在加拿大，我还惊喜地遇上了一种白兰花。植物研究学会证明，我是这世界上第三个正式找到这种植物的人。

学习新鲜事物极其有趣，特别是当你在平凡中发现它们时。

18 在我们消失后，这颗星球上会出现什么呢？
（4岁/詹姆斯）

回答：

在全球环境污染的效应下，人类将会灭绝，与此同时，所有物种都会受到波及……只有老鼠例外！老鼠可是夹缝中求生的专家。

所以，不久之后，它们就会取代人类的位置。它们会搬进我们住的房子里，投资公共房屋，参观博物馆并开始逛图书馆之类的，以便疯狂地汲取丰富的知识，而这些知识用不了多久就能让它们的智慧急速增长。它们将学会组织建立起一个被贪婪和饥渴引领的社会，也会不断地通过暴力冲突，互相残杀，这就完美地避免了"鼠口"过剩。直到有一天，一只获得诺贝尔奖的老鼠会发明出一种终结者病毒。这种病毒有效极了，所有持不同意见的老鼠名字都将因此从生者的名单中被划掉。一切都将重蹈覆辙！连永恒和虚无也难逃此命运。

 **19** 当我妈妈发火的时候，她老说："没有'但是'！"但是，我觉得生活中是有"但是"的。所以呢？（5岁/马尔科）

回答：

告诉妈妈，她在教育学方面已经过时啦！这种说法可以追溯到人们认为孩子们"能被看见，却不应该被听见"的时代。就像我们所说的"大人说话，小孩别插嘴"，孩子是不被赋予话语权的，大人总忽略他们的想法和提问的权利。作为家族中最小的孩子，我自己小时候就深受其害，总被当成空气一样对待。每当我想要开口说话，大家就开始发笑。

但这样是不对的！孩子们是有权利说话的。小孩子又不是白痴。大人知道孩子是从哪儿来的，但忘记自己是从孩子过来的了。

我的三个孩子就一直都有发言权，甚至还经常通过投票表决的方式表达自己的意见。他们三个联合起来，还能形成过半数票来压倒我和我妻子。

就是通过这个方法，有一次我俩被他们三个弄得不得不去搬圣诞树！

孩子口里还往往出真言。他们悟性超群，很少拐弯抹角。童言无忌，往往最接近真实。

20 历史上，为什么总是黑人扮演坏蛋？
（6岁／伊丽莎）

回答：

你这种关于黑人的观点真的吓到我了。最好还是给我举个例子，因为一般来说，我对此有着截然相反的看法。比如，在《汤姆叔叔的小屋》中，黑人才是不公正和奴隶制的受害者。

哪怕有时候，我们真的在古老的画册里，看到食人族逮住了一些传教士并要吃掉他们，我觉得还可以理解。除此之外，我个人倒是觉得，传教士的肉嚼起来未免太粗太硬了吧。

21 有时早晨我们的心情特别好，但为什么有的时候却不是呢？（11岁／吕多维克）

回答：

这是因为不开心的梦破坏了睡眠；或者，是因为心里在想着起床后不得不面对艰难的挑战；又或者，只是因为大气压下降了。如果你带着坏情绪醒来，我倒有个主意：干脆直接开始干活吧。这一天在等着你，等你去战胜它。若想这么做，只需要先唱首歌就行。例如《出发曲》："唱着凯旋的歌儿，我们劈开前方的屏障。在自由的引领下，从北走到南，把战鼓敲得咚咚响，让战斗马上开始！"

我小时候当童子军那会儿，就一直唱这首歌。每当遇到你说的那种情况，我都会想起这首歌。唱着这首歌，你就全副武装，准备就绪了。祝你好运！

22 为什么大人们总说自己没时间？（9岁/露西娅）

回答：

因为他们的时间都被工作给吸走了。

你想想啊，爸爸妈妈辛辛苦苦工作了一天回到家，还得准备晚餐，收拾东西，打扫房间，把宝宝哄上床，有时候连儿歌或摇篮曲都来不及唱上一首。

我住在爱尔兰时，看到一些卡车司机或送货员，把爷爷奶奶或家里的小孩装进车里，跟自己待在一块儿。

我想，如果爸爸妈妈们能更经常把自己的宝宝带到自己工作的地方，也许一切都会变得不一样。

23 为什么大人要吸烟？他们明明知道这是伤身体的呀……（10岁／艾米丽）

回答：

这是一种习惯，它慢慢地变成需要和烟瘾。香烟跟酒精一样有害，人们是它们的奴隶，而我，也难逃此命运，所以才知道得这么清楚。我尝试过很多办法戒烟，但都无济于事。

15岁的时候，我就开始吸烟。至今，我都还记得那个难闻的味道，让口腔发黏，牙龈发炎，肺里像被铺上了沥青似的。烟草会让嗓子和鼻腔一直发炎。

都是讨厌的烟瘾害的！更糟的是，我还在吸。有时候，我都想给高高在上的尼古丁大人跪下了，求这位所有烟民的老大放我一马，但根本没用。

这样看来，真的是"学坏容易学好难"。

24 为什么有那么多那么多的书?（5岁/玛农）

回答：

现在有的这些书还远远不够用呢！说实话，很大一部分出版物根本不值得人们浪费时间去读。唉，就因为这个，每年有数不清的树木失去生命，简直是巨大的浪费。每10本书里，有一本值得读的书就很不错了，所以我们需要更多的书。

阅读，是一种精神食粮，一本书应该适应食用者的胃口，是可以被消化的。

不管阅读是为了学习知识，还是打发时间，咱们都应该学着挑选，辨别书籍的质量，别看那些有"拼写措呜"①的书。我自己就是这样，获得的教育和想象力全是从阅读中得来的。所以呀，我才要告诉你，好书永远都不够！

说到这儿，我得跟你讲个关于我朋友雷克斯·李波利的故事。这家伙是个狂热的珍本收藏家，他住在一间塞满书的屋子里。他家里到处都是书，连灶台上都堆满了书。他已经很长时间没吃过一顿热乎饭了。如果他想去上个厕所，都得小心翼翼地从书堆里开辟出

---

① 此处正确写法应为"拼写错误"。作者在原文中故意写了个错别字。——译者注

一条小路来。于是,他下定决心要为这间破房子再盖一间附属的房间,把它做成图书馆。由于没钱,他决定自己动手,用书代替砖和瓦。这次扩建非常成功!最后,他发现一本书也没剩下!所有的书都用来盖这个房间了!

25 我们如何能知道有人爱着我们？（6岁/爱玛）

回答：

一般情况下，爱可以通过温柔的关心表现出来。只要看看动物们怎么宠爱自己的小宝宝，就能明白爱是什么了。

问题是，大多数爸爸妈妈和朋友都有些"内向"，也就是说，他们通常由于腼腆，不知如何表达自己的情感。

他们的体贴和怜爱，只有当你遇到问题、苦恼、病痛、大风大浪或失败的时候，才会表现出来。

想知道我们是否被爱着？其实直觉能感受到。如果还不能，那就去其他地方找找看。爱，或许就在眼前，或许在别处等你。

26 在科技方面，为什么小孩儿比大人更棒？
（9岁/迪耶哥）

回答：

因为，孩子们的头脑更清醒。人类的智商，从成年开始一直到老，都在不断下降，直到变得年老迟钝。

还有，大家都知道，无数的发明创造都来自早熟的天才。比如艾萨克·牛顿就是因为小时候被一个苹果砸到，才发现了万有引力定律。

正因为如此，孩子们也应该有投票权，而有些成年人则应该取消投票权。

27 有动物园这事儿真的好吗？（9岁／丽贝卡）

回答：

几年前，我参观了一个国家，那儿生活着很多动物，并由动物统治管理。我扮成猴子的模样，隐姓埋名地在那儿生活了一阵。我发现那里有展示人类的动物园，当时我就想："要不是这些人类被笼子保护着，说不定早就被猎人设下的卑鄙的陷阱捕杀殆尽了。"

28 是谁创造了神明？（6岁半/乔治奥）

回答：

神明，是被人类创造出来的，因为他们需要用神明来解释那些不解之谜。火焰、雷电、死亡、地震……在不知道这些现象是如何产生时，人们就说这些是神秘的力量造成的，并想用祭品来讨好它。而祈祷对平息恐惧是很有效的，于是，这种信仰从星星之火逐渐扩大，变成了宗教，为人类提供了一个必要的生存下去的希望。

可以肯定地说，神明就是为信仰他的人存在的！为了供奉神明，人们建造了寺庙、教堂、清真寺。这些地方就像专为神明下凡准备的落脚点，让他从天上下到人间时能歇歇。

大多数时候，人类是按照自己的形象创造出神明的，但有时也参照具有象征性的动物形象。

人们创造的神可太多了！先不说天主教的神了，要想知道印度教有多少神，就算让蜈蚣用上自己所有的手指头都数不过来。

在一个真正的现代化宗教里，我们则必须为了原子能、摇滚乐，甚至是电视机、国家银行和高级时装等，构想出一个个偶像。也许，我们还可以在一间专门为自己的偶像供奉的小庙堂前，对他们表达自己的崇拜。

不过，还有一些人认为，神明就在无限美的大自然中。这些人就是唯美主义者，他们崇拜的，仅仅是美。

由此可见，神明无处不在，人人都能根据内心的状态，找到属于自己的神。

 **29 死亡有什么好的地方？**（4岁 / 乔瓦尼）

回答：

人们害怕死亡，是因为把所有苦恼和悲惨都怪在它头上了。每次它出现，只是为了结束天灾人祸。疾病、灾害或战争并不能怪罪它，它只管收获苦果。

死亡既是一名海关人员，又是一名空姐。它将人们引导进另一个世界，开启另一段冒险旅程。对于有些人来说，这是解脱；而对于仍活着的人来说，却是沉痛的哀悼。它严格遵守"人权宣言"，保证让每个人都有一个公平的结局。

在这个过程中，有宗教信仰的人会充满担忧。面对最终审判，他们将得到什么样的宣判？上天堂还是下地狱？这两种结局都像是种终身监禁的惩罚。

而且，一切都是相对的：假设地狱竟是魔鬼的天堂呢？谁能保证暴君、罪犯和残暴的人，不会选择地狱作为自己的好去处？也许刽子手还会为自己犯下的暴行，和为在他们手下活生生死去的人提供的"服务"而得到表彰呢！天堂反而可能只是一片暗淡无奇的平原，在那儿的灵魂，对永无止境的和平极其烦恼和厌倦。

至于来生，终究还是个未知数。人类从存在伊始，就不断追问，企图通过参加驱魔、祭祀、巫术活动来赢得那个神秘力量的青睐。人们用绘画和节奏来进行这些活动，从而创造出了音乐、寺庙和金字塔，乃至让世人惊叹的文学作品。所以啊，何必去解释这些神秘的存在呢？我个人认为，神秘力量就是一种让人心痒痒的悬念。我们难道会因好奇死亡后的世界，而迫不及待地去死吗？这样说来，无知也是另一种形式的自由啊。死亡，意味着一种确定性，就好比是"我将出席我本人的葬礼"这样的一种确定性。

那么，你说死亡有什么好的？当然有啦！一切皆有可能。有一天，在医院里，我正处在昏迷状态中，突然被从一道像从隧道尽头射来的光闪花了眼！那一刻，我觉得自己解脱了。其他人也有过这样的经历。也许是我的幻想试图升华成近似于梦境一般的状态？如果身体死亡后，灵魂还活着，咱们最好还是得为它再找一个家（不然，它就得度过一个漫长的假期了）！那么，你说彩虹怎么样？

30 为什么会有脏东西？（8岁/洛）

回答：

因为脏东西是不可避免的，而且它就想积少成多变成污垢。

脏东西为细菌传播疾病提供了温床。而"卫生学"这门关于清洁的知识，还是一个比较现代的概念，了解它的人并不多。

卫生是一门学问，尤其是在这个到处都有水龙头的世界。然而，有多少人都生活在没有流动水的环境中呢？

除此之外，还有会腐蚀我们良心的脏东西。

附：我有一个残疾人朋友。在战争期间，一颗手榴弹将他的双手炸得粉碎。而之后，每天早晨他那个有洁癖的老婆都会问他洗过手没有！

 精神是什么？是我身体里的电流吗？（3岁/雨果）

回答：

对呀，如果你试试把精神跟灯泡接上的话，说不定真会发亮。因为精神就是能照亮智慧的光源。

它也能证明我们活着。

为什么青春期的人都感觉自己最厉害？

（10岁半 / 纳伊）

回答：

因为迟早有一天，他们真的可能变得比所有人都强。他们需要证明自己，需要发现真正的自己，需要为将要来临的成年人生活做好准备。当人们对自己没信心时，常常会变得自负，就像小公鸡第一次"咯咯咯"地打鸣一样。青春期是一段艰难的蜕变阶段，就像一只蝴蝶的蛹，里面尽是黏糊糊的感觉。我们已不再是丑丑的毛毛虫，却也还未能振翅而飞。

但你无论如何都可以放心：年纪增长并不等于变得厉害，有不少孩子都比大人机灵！

并且，想让傲慢无礼的人哑口无言，自愧不如，有很多有意思的，甚至荒诞的话可用。比如在一次议会上，有一位坏脾气的女士攻击我。我没说其他的，就问她为啥长着如此可怕的一口坏牙。这下她可真是什么话都说不出了，就想扑过来打我一巴掌！

为何这世界上有所有我们需要的东西？

（8岁 / 杰西卡）

回答：

不仅如此，这世上还有一切我们不需要的东西呢！所以我们得学会区分没用的东西和生活必需品（比如每天都要吃的面包，解渴时要喝的水、洗衣粉、御寒的衣服、能呼吸的空气等）。然而，生活中的必需品并非平均分配、所有人都共享的，因为这个世界就是被贪婪和不公平所支配着的。

穷人们连最基本的温饱都解决不了，而富人们却沉湎于不必要的东西。你看看大街上那些数不清的只卖快时尚产品的店，就能体会这一点，而亚马孙丛林里那些赤身裸体的部落人，根本就不知道高级订制服装为何物！

需要其实还表现在其他方面。

公正、和平以及自由的需要……

爱、尊重和分享的需要……

很多东西都是不可能在商店里贩卖的。幻想一下有这么一家商店，在那儿咱们能找到350克温柔的爱，1千克同情的心，2磅礼貌的态度，买感激的心情还能享受八折优惠！

做任何工作都得有必需的工具。没有斧头和绞刑架，刽子手怎么行刑？没有学生，老师如何教课？

行政工作也是必需的。没有护照怎么出国旅行？没有驾照怎么有机会出车祸？

人类能想象出的需要根本数不胜数。精神上的需要、建议、知识……然而，有些人一无所有就很满足！比如，只需要在骆驼的影子下乘乘凉，吃几颗椰枣就能填饱肚子的贝都因人①，或是一丝不挂离家而去的亚西西的方济各②！

而那些衣食无忧的人呢，是很容易被宠坏的，或者变得浪费无度。聚宝盆一个劲儿地冒出来的东西，却都用来充实垃圾填充池了（所以每家餐厅后院都应该养一头猪，把剩饭剩菜都吃掉）。

每个故事都需要一个结尾，就像当你口渴时喝了水，这口水会被循环利用，去满足其他小小的需要。

① 贝都因人一般生活在西亚和北非广阔的荒原中，他们自由豪放，以饲养骆驼为生，经常食用椰枣。——译者注
② 天主教方济各会的创始人。出生于富裕家庭，后放弃财富和家庭，过清贫的隐修生活。——译者注

34 我们为什么要睡觉？（10岁/希达）

回答：

　　这是与生俱来、人皆有之的生理节奏。我们必须靠睡眠来补充体力。不睡觉，那就太累了。动物也一样要睡觉，有些动物像棕熊和刺猬那样，甚至整个冬天都在冬眠呢。很可惜，我们人类不能这样做。想象一下，在了无生机的季节里，人类每天都在美梦中度过；而当我们在春天醒来时，会发现自己躺在泛滥的洪水里，因为寒冬中结的冰让房子里的水管道都爆啦。

35 为什么要把东西放到正确的位置？（3岁/瓦伦丁）

回答：

　　因为次序很重要，我们应该把东西放在属于它们的正确位置上。敲钉子不能反过来敲尖的那头。装水龙头不能装反，否则会毁掉天花板，也不能装在客厅。画也不能挂倒了，否则，你得倒立着欣赏，除非这是一幅抽象画。

　　另外，有些事对一些人是反的，对另一些人却是正的。我们读

书和写字的时候，习惯从左往右的顺序。但是，阿拉伯人和希伯来人却是从右往左，所以对于我们来说，他们的顺序跟我们就是反的。还有，在英语中，"ara"是一种鹦鹉，同时也能体现类似"回文"的修辞手法，这个词正着念、反着念着都一样。同样，还有法语中的"Ève""Laval"和"Ésope reste ici et se repose"这样的词和句子。此外，咱们还能说，回家是离家的反面，白天是夜晚的反面，真相是谎言的反面。

　　本质上，为了让我们的生活正确地运行，次序和它所依赖的原则是非常必要的。如果没有钥匙，怎么能开门？如果厕所倒过来，马桶长在天花板上，咱们还怎么上厕所？

　　另外噢，只有奖牌的反面是不利面①，而一枚钱币的正面和反面是没什么区别的。

---

① 在法国俗语中，"奖牌的另一面"指事物不利的一面。——译者注

36 我头上的虱子死了后，会被埋进坟墓里吗？

（3岁／路易斯）

回答：

虱子没有坟墓，原因有三条：

1. 在头皮上挖坟墓是不可能的。

2. 虱子都是个人主义者，单枪匹马挖不了坟墓。

3. 虱子都不信教，不信永生，所以不需要坟墓。其实有很多虱子都是笨蛋、懒汉和不合群的寄生虫转世的。

37 为什么金子对人们毫无用处，却那么值钱？

（9岁／亚斯曼）

回答：

金子是一种抗腐蚀的金属。任何酸性物质都无法侵蚀它。正因如此，金子和铂金或宝石一样都有价值。金子在制作结婚戒指等首饰中必不可少，为优雅的女性增光添彩。

金子让人着迷，因此淘金者们都为它发狂。

在《新约》中，掌管金子的财神被称为"玛门"，样子像小牛犊，深受人们喜爱。

现在，金子通常都被做成块状，并储存在银行里。另外，我们也把它做成奖牌，挂在奥运会运动员的脖子上。

38 怎么学会做爸爸？（6岁/西蒙）

回答：

父亲的角色已经有了新的发展了。以前，父亲想教孩子承担责任和遵守纪律，得用拳头揍他们。后来，拳头被板子和鞭子取代。我自己的办法是打孩子屁股。不过，为了平衡一下双方的力量，有时我会跪在孩子面前，跟他们说："现在，该你们惩罚我了。"这样，他们就会用小小的手在我背上好好地打几下！

我三岁半的时候，父亲就不在了。我对他，只剩下为数不多的记忆，其中有一次是这样的：这个巨人（对孩子来说，所有成年人都是巨人）在吃饭的时候，把我抱在他腿上，用大拇指和食指夹住我的鼻子，为了呼吸，我只能张开嘴，而他竟然往我嘴里塞菠菜，因为我非常讨厌吃菠菜。现在，菠菜是我最喜欢的蔬菜之一。

就算这样，在比我年长的哥哥姐姐的回忆中，父亲永远是个优秀的男人，一直疼爱我们。我一直在这个才华横溢、与众不同、各方面都很优秀的男人的传说中成长。但是，在我心里他还是那个霸道的人。

孩子们都希望为自己的父亲感到骄傲。他们需要崇拜和尊敬父亲。但是呢，爸爸们也是有缺点的。有些爸爸没那么让人亲近，容易发脾气，会因为自己的烦恼而变得阴沉，甚至还会跟妈妈吵架……

大部分的父亲会尝试着将自己的喜好和信念灌输给孩子。然而，每个小不点都有权利质疑爸爸，提出自己的想法。要做到这点，必须拥有表达的勇气："这不公平！""这不是我的错！""我不同意！"因此，说到底，其实是孩子们在教自己的父亲做爸爸。这也是缘于来自本能的爱产生的相互作用：这个独一无二、无法替代的人是我们的父亲，我们需要爱和被爱。

39 时间是什么？（4岁/萨米埃尔）

回答：

时间是没有起源的，它是永恒的组成部分。在世界形成之前，它已然存在。行星的运转舞步赋予时间最初的节奏。出于组织活动的需要，人类将时间细分再细分，从光年分到纳秒。为此，人类发明了计量时间的工具：日晷、沙漏、水钟，以及13世纪时出现的机械时钟，能将秒转换成分钟和小时。

秒羡慕小时，星期嫉妒年，而世纪则为过去的岁月惋惜。就这样，时间被人类用可笑的方法计算着，从而彻底被人类忽略了。

在我们眼中，对于过去，时间变成了两件事之间的间隔。

时间，被一层我们称之为"现在"的薄膜与未来分离开来。我们生活在按先后顺序粘连起来的、连续不断的时刻里。

时间精确性的暴政体现在大家对日期、行程、时间安排和日历的强制性安排上。正因如此，大家才会有不耐烦的情绪和持续的压力，才有了闹钟……以及死亡。我们不得不生活在需要守时的社会制度中，即使距离迟到还有充足的时间。

不过，能自由支配时间的方法还是有的。对于我来说，我就拒绝承认自己活了多少年就得是多少岁。时间的长短是相对的，好时光总是过得比坏日子快。如果我抽一根烟需要5分钟，而去一个镇子需要 20 分钟，那么我可以说：我距离那个镇子只有四根烟的时间。这也不失为一种蔑视时间的方法噢。

我比较喜欢好好利用时间，把它珍藏起来，这好过碌碌无为地浪费时间。在生死之间是长长的人生，人生里充满了丰富多彩的时光，那里尽是我们的快乐、激情和沮丧，所有的时光都将会在死亡的那一刻终结。

40 当梦境来临时，那些晚上不睡觉的人怎么做梦呢？（5岁／西蒙）

回答：

他们对待梦境，就像对待那些往国外移民的人一样，在自己的想象中为梦境留出一个位置。

 **为什么我们不吃已经死掉的人的肉？**（4岁／莱昂）

回答：

  我们宰杀动物是为了吃肉。在切下它们的肉之前，它们已经死掉了。吃死掉的动物的肉，还是比吃活着的动物的肉好，想象一下食人怪狼吞虎咽吃新生儿，只加点粗盐、几瓣蒜，伴着一块面包就吃下去了。

  战争也像是一家肉店一样，平民百姓和无辜的孩子都被士兵送进了屠宰场。战后总是因为食物匮乏而发生冲突，但那些因战争死去的人为何不能被当成食物吃掉呢？因为那样就变成人吃人了呀。

话说回来，这种浪费资源的行为有点可笑。咱们可以把鱼肉放进砂锅，可以拿老母鸡肉炖汤，可以把猪肉灌成香肠，那可以把死去的人做成大餐吗？当然不行啦！跟所有哺乳动物一样，我们憎恶同类相食的行为。原因很简单，这是天性使然。

如果人类吃自己的同类，那我们早就从地球上消失了。

42 为什么有的人喜欢嘲讽别人？（9岁/扎卡利亚）

回答：

一般情况下，嘲讽是一种恶毒的行为。如果嘲讽是为了奚落别人的不同之处、弱点或者残疾的话，那就是很没素质的行为。

如果一个群体用嘲讽的方式对待一个孤立无助而无辜的个体，那就是极度恶劣的行为。这种情况下的嘲讽，非常卑鄙可耻。

嘲讽，经常是由于偏见和歧视造成的。我还记得，战后，有一位法语老师经常说阿尔萨斯地区学生的坏话，还以嘲笑我们的口音为乐。对待喜欢读书的我，他是这么说的："先把你的口音去掉再搞什么文学吧。"那段时期，在全法国境内，大家都把我们当成"肮脏的德国鬼子"对待。就是因为这样我才知道还有什么"肮脏的犹太人""肮脏的黑鬼""肮脏的阿拉伯人"……但我是怎么做的呢？我不仅保留了自己的口音，反而越说越起劲了，因为它就是我身份的象征，我为它感到骄傲。

但是另一方面，作为讽刺作家，嘲讽是我工作的一部分。通过讽刺，我得以揭发社会的丑恶，揭发那些要为此承担责任的人，尤其是政治家。告诉你噢，我会用手中的笔发出控诉，对他们进行猛烈的抨击，并且乐在其中。

然而为了保持平衡，我也会适度地嘲笑自己，奚落一下自己做的蠢事。总而言之，如果我们反观自己，就会发现我们都是可笑的人呢。

43 为什么水会流动？（6岁/肖恩）

回答：

这是因为水是液体。水变成雨滴或泪滴流下来，形成了水洼，然后变成不断流动的水流。它也会流进平静的湖里，然后沉睡。当它流进海洋时，则会汇入咸咸的波浪和潮汐中。当它被吸收进土壤时就没那么好玩了，因为会变成潜水层。那时候，它就像被囚禁住了似的。

水分蒸发在空气中后,能重新变得干净。但水又是脆弱的,很容易被污染,也会变成疫病滋生的温床。所以你看,它可不是每天都能快快活活地流动的!

44 都说每一种生物都有存在的价值,那我们呢?

(12岁/霓娜)

回答:

"我们"就是生物啊,跟"你们""他们""她们"没区别!每个人都拥有能让社会运转的才华、天赋和能力。所以,我们的责任,就是让自己变得像齿轮传动系统中的一个齿轮零件一样,有用且实用。任何事情都是有用处的,哪怕是微微的一笑,或者大发雷霆。

45 为什么有些人在撒谎时能被看出来,而有些人不会?(7岁/安托南)

回答:

那些训练有素的骗子可会骗人了。他们会脸不红心不跳地直视你的眼睛,滔滔不绝地给你灌输他们的那套假话,说得真像那么回事。很多时候,他们也信了自己编的那套鬼话,这样才能显得很可信,或者让自己摆脱干系。

但是,很多孩子撒谎是因为害怕受到惩罚。我记得自己小时候曾有一位老师，他的习惯就是在让学生背诗的时候拧他们的耳朵。如果我们背不出来，他就要掐我们，或者把我们的耳朵像收音机按钮一样转动。我简直怕死他了。有一天，我没有完成作业，心里慌得很，就用一个创可贴把大拇指给包了起来。我对老师说我手指疼。他从镜片后面向我投来阴森的目光，说道："小鬼，给我把创可贴撕掉！"

我只能照他说的做，向他露出我那根完好无损的手指头！所以，后来他写在我的报告上的评语就是："爱撒谎的学生！"要知道除了那一次，我从未撒过谎呀……

谎言迟早都会被戳穿的，那时候我们的名声可就彻底坏了。一旦有了坏名声，就再也没有任何人会相信你，哪怕你说的是真话。

但是，其实说谎是一个良心问题。撒谎，就是对自己的不尊重。

喜欢夸大事实其实也是一种撒谎，它对我的吸引力很大，我总是得尽力控制不要太夸张。不过呢，绘声绘色地讲故事，难道不就是我的工作吗？

 46 地球是坐在火车上的吗？（4岁／卢卡）

回答：

不不不，正好相反！地球是一颗经线和纬线相交的椭圆球。经线在两极相交，而纬线是平行的，并且周长不等：两极的纬线比最中间的纬线（赤道）短得多。地球在南北回归线之间的铁轨上来回行驶。经线和纬线组成了一张铁路交通网，精确地安排着这辆像球一样的火车在太空中运行。

我可不可以一辈子都活在梦里？（6岁/亚大）

回答：

有何不可！这样一来，梦境就是现实，那我们就能睁着眼睛睡觉啦！

做梦，可谓是一种免费旅行的方式噢。做梦时，想象力被自由地放飞出来，飘浮在现实之上。

小不点儿，我曾经就是一个特别不专心、总是在做梦的学生。我只要看一眼从教室的窗框里飘过的云朵，思绪就会被带走，卷进那些被风拖着移动的"白云大被子"里。就这样，我高兴地看到了地球的另一个样子，从这个视角上看，学校跟其他建筑物一样，就像一颗苍蝇屎。

忽然之间，我发现自己却正站在课桌前，被老师狠狠地批评着。但是听着，有一天，我真的是进入了我的白日梦里，班级对我而言都不复存在了。

48 为什么每个人都不一样？（8岁/让娜）

回答：

因为，这是人类和许多哺乳动物才享有的特权。如果每一个人都一样，这世上就没有个体了，我们的存在将变得多么单调啊，简直跟蚂蚁、犯人差不多。

如果大家都一样，当我们聚在一起的时候，根本没法儿分辨谁是谁，而且罪犯们的指纹也都一样啦。

49 即便我是最小的,我可以不可以是最强的?

（4岁／卢卡）

回答：

当然可以！只要你聪明、机灵、脑瓜子转得快。要笑对困境，因为笑能让敌人失去抵抗力。要使用语言，语言是带刺的武器。或者你可以这么威胁别人："如果我真对你下一个凶狠的咒语，等你下次遭殃时就明白你的坏运气是从哪儿来的了！"

我们年纪越小，要面对的挑战越大。也因此，我们越需要坚毅的性格。

当然了，我们也可以去练拳击、棍术和弹弓。不过，暴力只能产生更多的暴力。所以，还是免了吧……

50 真的需要信教吗?（9岁／扎卡利亚）

回答：

并不是非信教不可。从最开始，我们就是因为生活环境的因素才信仰宗教的。任何宗教都是好的，只要这个宗教倡导尊重生命，鼓励维护和平。然而，由于盲目崇拜，宗教有时候成为制造残暴行为的借口。

信仰宗教是要遵守教规的。所以，必须有虔诚的信念！慈悲为怀，才能坚持下去。

当我仅有五岁的时候，夜夜跪在床前祈祷，希望天主能给我一些证明他存在的征兆。只要哪怕一点点启示，我也心满意足了。然而，我啥也没看见……他连一根小指头也没动过，根本没法证明他真的存在。

正因如此，我开始产生怀疑。当我决定不信教的那天，我甚至连领圣体仪式都没参加就离开了教堂。我觉得吃圣体饼，参加这些像食人族仪式一般的活动，简直是不道德的。

然而，我仍然保留了很多基督教和天主教的行为准则：它教会了我正直、怜悯、宽容，尤其要有坚强的意志。事实就是这样，多亏了我曾经受教于这个宗教，才有了今天的行为处事方式。

 **星星后面是什么？**（7岁／贾娜）

回答：

星星后面，是其他星星，成千上万颗星星。有些星星遥远得我们用肉眼根本看不见。夜空就像一片远处的森林，在这片森林里，我们只能看见长在边缘的树。在它们身后，还隐藏着数不清的树。这就像一本书的第一页一样。

每一个太空外，都藏着另一个太空，一直永无止境地延伸，连它自己也不知道尽头在哪儿。

为什么妈妈不让我整天玩电子游戏？
（11岁／爱德华）

回答：

因为她是对的呀，其他纵容孩子的家长可要向她好好学习啦。

整天都玩电子游戏？不行的！偶尔玩玩嘛还差不多……

玩电子游戏又不是什么正经事，只是消遣、浪费时间。想要打发时间，做做白日梦都比玩游戏好，因为那样能让幻想像蝴蝶一样张开翅膀飞舞。

看看电视，至少我们还能选择有教育意义或有娱乐性的节目。但整天跟一成不变的游戏屏幕做伴，只会让人缩在自己的壳里的。

我就先不跟你宣传阅读、做手工或运动的好处啦！但可以给你举个反例，就是一个我认识的小女孩儿，她守着电子游戏不停地玩了整整三个星期，最后变得全身浮肿，反应迟钝，眼珠子从眼眶里涨出来，像红色的乒乓球似的，黏黏的口水从肿得像蚂蟥一样的嘴唇边流出来。她已经完全丧失了说话的能力，连消化功能都不正常了！

53 是谁发明了火？（5岁/马提亚）

回答：

火不是被发明出来的，它一直都存在于地下。我们生活的地球，就像个大肚子，里面充满了岩浆，当火山爆发的时候，就会吐出熔岩，喷发出火。当有雷击中一片树木稀少的草原或者一片易燃的森林时，在地表也能产生火。

人类发明的是制造出火的方法。两块火石偶然间摩擦产生了火花，这就是打火机的原理。火柴则是后来瑞典人发明的。你们猜有多少火灾是孩子们瞎玩火柴引起的？

古希腊传说中，普罗米修斯从众神之首宙斯那里偷来了火种，将火给了人类，用以取暖、烧饭和执行火刑，就像烧死圣女贞德的那种刑罚。作为对偷窃火种的惩罚，普罗米修斯被绑在一块岩石上，日复一日地被老鹰啄食肝脏。不过，对于我这个老是不小心带走别人打火机的人来说，又该遭受什么惩罚呢？

 **54 人死之后还能思考吗?**（6岁/马农）

回答:

对于这个问题,所有跟我知识水平差不多的人都没办法回答。当灵魂脱离了凡尘中的躯体后,它会将一生中所积累的全部意识、回忆和知识都装进行囊带走吗?这问题,只有死去的人能够回答,我们只能耐心等待答案了。谁去天国,谁就能获得答案。

在此之前,我们必须去思考死亡,以及所有与生命有关的事。孩子,尽可能地去思考与我们现有的人生相关的东西吧!这是人类所拥有的最棒的才能了。

意识是思想的源泉，而想象力为思想的花瓣增添色彩。

我最喜欢的歌曲是一首德语歌，里面有这样的歌词："思想是自由的。"没人能猜到别人心里想的，也永远无法占用别人的思想。

我小时候上学那阵儿，阿尔萨斯被纳粹吞并了，他们对我们说："不要思考——领袖会为你们思考！"你们中的某些人可能会说，上帝会记录下你们最微小的想法。但并非如此，你们的思想是属于你们自己的，正因如此，你们才变得与他人不同，这是独特的天赋。如果死后思想也能一直存留就好了，那样我们就能永远独立思考。

55 天空是谁盖出来的？（4岁／特里斯坦）

回答：

天空既不是一块盖子或一片天花板，也不是教堂的圆顶。天空是一片没有边界的空间，一直延伸至无穷处。因此，要想象它的结构、支架或梁柱是不可能的。我们的祖先高卢人曾一度非常害怕它像玻璃板一样会摔个粉碎。天空并非被建造成一幢建筑物那样，它的设计是为了让星辰和流星能安全无误地在其中正常运转。

 为什么有时候我害怕自己的家人？（5岁/尤娜）

回答：

家人，是各不相同却由血缘关系聚集在一起的人。家庭就像一个封闭的容器，居住在里面的人永远都相互联系着，并要遵守通常是由父母制定出的规则。

当一个人性格跟其他家庭成员不同时，就会容易被误解。有时这种不被理解的孤独感会强烈得可怕，就像自己被抛弃了一样。世界上没有完全一样的家庭，每个家庭的矛盾都是不一样的，有时由争吵产生的仇恨，让人难以承受，家庭成员之间很难和睦相处。

当我们对家人有种害怕的感觉时，应鼓起勇气克服它，或大胆跟家庭成员讨论这种感觉的来源，哪怕没人愿意好好倾听。如果你感觉这个家庭就像一个监狱，我认为除了逃离，你没别的办法了。

小不点啊，其实我小时候总是在圣诞前夜的聚会中感到压抑。每次分发完礼物后，我都宁愿离开家，到街上透透气。

57 **走路要用脚，想东西用什么呢？**（3岁 / 朱莉亚）

回答：

总的来说，思与想都是在头骨里的脑子中进行的。但是，人类的身体大概会用各种部位思考。胃想着下一顿吃什么，每根手指头上都有一个小小的脑子，心脏跟随情绪变化的节奏跳动。

诗人要是没有用脚走路，怎么创作出作品？

农民要是没有厚实的脚掌该如何是好？

厨师要是没有平稳的脚板怎么办？

水手没有落脚处会怎样？

要是没了脚，帮葡萄枝修剪"脚丫"的葡萄种植者，以及"赤脚流浪汉"，还能怎么生活呀。

给你说这些是为了告诉你：每个脚丫都是一件必不可少的身体零件。它是用来走路的，但也拥有很多其他的功能。当然了，有一些脚丫比其他的更聪明。反正，我的脚丫子就喜欢踩那些花坛里的杂草。

58 为什么我们不仅要爱自己,还要爱他人?

(6岁 / 马里翁)

回答:

我们的同类就是我们自己的倒影。所以,在爱他人和爱自己之间并不矛盾:道理都是一样的。

正如亚西西的方济各所言:"只有给予,我们才会获取。"对有些人来说,去爱别人就是自己的使命,甚至能成为他的职业选择。我个人愿向护士们致以最崇高的敬意,因为他们知道如何缓解别人的痛苦。

以前,我有一个叫苏珊的阿姨,她是基督教慈善团体的会员。她总是光芒四射,将自己的祥和与喜悦散播出去。她的声音更能给人无比的安全感。她的微笑与内心的平和是那么具有感染力。虽然她已经去世多年,但直到现在,她仍然像一座灯塔一样,一直照亮着我的人生。对于我来说,她就是一个舍己为人,能在给予而非获取中得到更多快乐的完美典范。这就是我说的:懂得去爱。

相反,自私就意味着孤独。如果以自我为中心,忽略他人的感受,那就相当于生活在一个封闭而枯燥无味的容器中了。

59 当我在说话时，是身体还是灵魂在说话？

（8岁 / 朱利安）

回答：

一般说来，是灵魂借助身体说话的。主宰这一切的就是大脑，它将肺部的氧气当成工作的燃料。身体也是舌头的主人，而舌头是口头表达思想的重要器官。这就好比在一家企业中，每个人都有自己的职责，而每个人都不能离开别人独立工作，大家的劲儿都往一处使。

60 如果没有房子，我的人生会有什么改变吗？

（5岁 / 艾米丽）

回答：

你会变成没有壳的乌龟和蜗牛，像一条只能在阳光下被慢慢晒干的鼻涕虫。

人类起源之时，就没有皮毛，但一直都在寻找能遮风挡雨的地方。一开始，人居住在洞穴里。然后，向往定居的人发现了房子的作用,游牧民族使用帐篷,而旅行者喜欢开房车。如果你的头顶上没有一片屋顶或天花板,你就得露宿街头,而你的家人也跟着无家可归了。

唉,可是这世上有战争和灾害,能摧毁整座城市,让有家的人一无所有,无处可去。我们都不应忘却这些伤痛。

 **61** 如果亚马孙丛林消失，人类是不是就再也没有呼吸的空气了？（8岁/保罗）

回答：

对于这个悲哀的问题，以下便是悲哀的答案。树木在阳光的帮助下生产出供我们呼吸的氧气。如果没有了森林，我们真的会窒息。我们过分砍伐树木，严重地破坏着这颗星球，根本不考虑未来将承担的后果。有一首老歌这样唱道："所有的树干都被砍光了，人们再也无法去树林里嬉戏。"真有先见之明！

因此，从现在开始，快在你们家种上树吧。这样一来，当你们放学或下班回到家里，就能安心地取下氧气罩了。如果你们种的是果树，还得引进蜜蜂来传粉；想再加点叽叽喳喳的鸟鸣声，得帮小鸟搭个窝；还有，为何不弄几只小松鼠在家门口迎接你？比如加拿大的巧克力糖屋上面的那只松鼠。

62 在无限之外是什么东西? （8岁／拉斐尔）

回答：

无限是一片无边无际的广袤荒漠。要想穿过这片荒漠，必须紧紧地沿着银河走，以免让迷路并被饥肠辘辘的大熊星座吃掉。

一直走一直走，最终我们会到达另一片无限之中。在那里，四处都沐浴在彩虹般柔和的光芒中，无数灵魂在此尽情嬉戏。在这个地方，你可以做任何想做的傻事儿，也可以放肆地享乐。这里洋溢着永恒的喜悦，大家沉浸在交织着欢笑、低语和声声呢喃的心灵的盛宴中。

各种植物在花园里生长，奏出完美的乐声。鸟儿羽毛般柔软轻盈的云朵，则为大家提供了一片宁静的空间，让人能伸展四肢躺进一片祥和的极乐世界。人们可以乘着会飞的云朵被子，从一片云朵去往另一片云朵。好东西还不止这些呢……

那儿好得就像一个传说。相比之下，天堂都显得死气沉沉，无聊透顶。

只是呢，如果你想去那儿，首先就得在进入梦乡之前，用相信海市蜃楼是真实存在的那样坚定的信念，试着用力地想象它。

63 为什么2+2=4？（6岁/乔伊）

回答：

因为算术特别有用呀！

我们的十进制系统就是以我们的手指头为基础建立的。最早的穴居人就是这样学会数数的。还有啊，我们都能发现，每根手指头都长得不一样……这就不会让事情变得复杂了。

举个例子，我们可以说，2个男孩儿＋2个女孩儿＝4个小孩儿。

但是，如果是2片面包＋2片火腿呢？那可就成了1块三明治啦！

要想计算，就得接受数字代表的意义，但其实也没什么大不了的。不过，咱还是得对它们宽容大度点儿，毕竟数字4也不会想成为数字7的嘛！

64 我没有兄弟姐妹,感到孤独是正常的吗?

(10岁半/科琳)

回答:

孩子,六岁那年,我被送去我叔叔家寄宿。那时我既没有知心朋友也没有玩伴,爸爸也不在了。那种寄居的状态非常糟糕。我躲进阅读和绘画的世界里,与自己丰富的想象力成了最要好的朋友。与它同行,我摆脱了悲伤,找到了自由,并且自由的心灵一直忠诚地陪伴我直到现在。

兄弟姐妹在身边,既会增添快乐,又会制造口角,所以你才不会觉得无聊。但是有些人即使身边热热闹闹的也会觉得孤独。我们就算在熙熙攘攘的人潮中也会觉得孤独的!

不过,玩耍还是得找同伴和同伙儿。方法很简单。你得尝试着去交朋友、邀请同学来家里玩儿,并希望也能去对方家做做客。不要去管他们的家庭状况如何,处于什么样的社会阶层。同时,还需要征得父母的同意和欢迎。

小不点儿,每到开学的时候我都有这么一个习惯:列出一张好友名单。每当新交到一个朋友,我就钩上他的名字。我跟你保证,到第一个学期考试时,我就再也没有敌人了。我可是很擅长避免争吵和矛盾的!

65 读大人的书会让我长大吗?（4岁/朱利安）

回答：

当然会啦！而且还会让你变得比大人更聪明呢。阅读能让大脑工作的能力变得更强。我小时候最喜欢的读物是《插图版拉鲁斯小词典》。多亏了这本词典，我学会让自己脑袋里的点子像风中的蒲公英一样四处播种。去探寻每一个词汇的含义是多么刺激的探险呀！比如说，你见过"竹篮打水""狼吞虎咽"这样好玩的词吗？

66 喜欢一个人就必须送他礼物吗?（3岁/伊韦特）

回答：

送礼物不是强制的，而是发自内心的。很明显，送礼物给爱的人比给讨厌的人要容易吧（话说回来，这说不定也是一种和解的方法）！在商场里找不到的礼物其实更便宜，然而却更珍贵——就像一个微笑，一个深情的动作，对别人的重视，以及任何能让生活充满鲜花味道的小细节。

贫穷有什么好处吗？（8岁/依泽）

回答：

我三岁半那年，父亲去世了。他的离开让我的家庭生活变得拮据。那时我们可穷了，直到现在我都还记得，哥哥的英文教师为了能让他好好去上学，送给了他一双不错的鞋子。

我也记得自己那双变小的鞋子。当时，为了把脚指头塞进鞋里，我把鞋头都剪开了，还把脚趾涂成黑色，以免让人看出来。但想踢足球的话就不太方便了，尤其是我们并没有足球，只能踢易拉罐儿。兜里没钱倒是让我们学着充分利用现有资源，这样的挑战还挺让人兴奋的。

幸运的是，那时我家有一座大大的花园，它为我们一家提供了充足的食物，甚至在战争时期也没让我们饿肚子。

贫穷，会让人感到窘迫，难堪。开学的时候，大伙儿都爱拿穿旧衣服的人跟全身崭新的人相比。我还记得，那时我连买一本新的语文课本的钱都没有，于是我只得借哥哥的旧书。那绝对是一本非常值得阅读的书，但我的语文老师却当着全班同学的面，不止一次地嘲弄我："呀，看看你的这个老朋友！"

因为并不宽裕，我们才在余生中学着去欣赏一切事物，憎恶浪费。面对自己的需求能够尽量节制，尊重每一分钱和每一颗粮食，而不是像暴发户似的，吃完正餐后还要叫一大堆甜品，大快朵颐后又抱怨自己吃撑了。至今我都还记得自己用人生中赚到的第一笔钱买的第一件哈里斯牌的西装外套！生活贫穷，能让你清楚自己条件不好，从而为更好的生活奋斗！

再后来，我25岁时去了纽约，当时兜里只有60美元，但心里却充满斗志，志愿将这座城市踩在脚下！但最终，贫穷还是让我的希望破灭了。不过，这样的窘境并不意味着我不知感恩，正因为经历过这些困难，你才永远不会忘记那些在你最需要的时候，为你慷慨解囊的人。

68 当朱莉在我身边时,我压根儿不想跟她待在一块儿;但当她不在时,我又很想看见她。
我该怎么办呢?(5岁/艾玛)

回答:

请使用想象力,让你们的每次相见都变成难忘的经历。具体怎么做呢?你可以试着根据你们共同的爱好安排活动。一段友情的成长,就像菜园子里那些被圈在菜畦中的蔬菜,它需要我们的照料。如果你像院子里那尊呆呆的陶瓷狗雕像似的,什么也不做,那可就没法培育出美好的友情了。

听听代表阿尔萨斯精神的汉斯·施诺克洛赫①是怎么说的:"他想要的,却无法得到;他拥有的,却并非他想要!"要是老这么想,那我们永远无法高兴起来了,还如何享受美好的人生?

---

① 该人物出自法国阿尔萨斯地区的一首民谣。——译者注

 **69** 为什么总是有歌曲在我脑子里打转？（5岁/亚大）

回答：

人的大脑像是一块充满气泡的干酪。在那里，生活着不少小老鼠，它们哼着歌儿啃着这块干酪，吃得越胖越开心："我有一块大干酪，叽叽叽叽叽叽叽！它大得像个捕鼠器，还放着快乐的歌曲！"

70 人们会为爱而死吗？（7岁/亚历山大）

回答：

父亲死的时候，我才三岁半。母亲有四个孩子要抚养，却身无分文。为了保证我们的教育和舒适的生活，她必须鼓起巨大的勇气，咬牙坚持下去。如果没有我们，她肯定会放任自己死去。

失去一个生命中不可缺少的人，的确是巨大的打击。面对无底的空虚，每个人都想随之放弃自己的生命。

如何振作起来？我们能拯救的生命只有一条，那就是自己的那条生命，那条我们要对之负责的生命。我想，这才是生命战胜死亡的最好的方式。

无限在哪里？（8岁/托马斯）

回答：

无限，是一片无边无垠的空间，没有尽头没有边界。那是一个无拘无束的自由空间！

当我们在自己的脑子里想象它时，它就成了让我们放飞想象力的避风港。

请想象一下被关在黑暗地牢中的囚徒。他对无限的想象能为他带来内心的自由,任何现实中的困境都无法侵袭这份自由。

所以,我的答案是:无限就在我们心中。它为我们的思想和梦想,提供了重要的空间。无限,甚至能够将空洞和虚无消化殆尽。

72 在父母眼里,我们是不是永远都是孩子?
（9岁／利百加）

回答:

当我步入50岁的门槛儿时,我妈妈已经有80多岁了,但她仍然一直这样叫我:

"我的阳光。"

"我的小王子。"

"金鸡宝宝。"

除此之外,她还用几乎没法儿翻译出来的阿尔萨斯语称呼叫我,比如:

"脏脏的鸡宝宝。"

"丝绸兔宝宝。"

"金龟子宝宝。"

"耷拉着背带裤的小崽崽。"

当我已经 80 岁时,终于忍不住让大我 8 岁的姐姐别再向陌生人介绍说我是她的小兄弟了。她简直就想要我返老还童,躺进棺材时变成小孩子的样子!

就是这个样子!长大呀,变成成年人呀什么的,都没关系呢,在亲人的眼中,我们永远都是他们记忆中的那个小不点。

73 石头可以思考吗？（8岁／斯特凡）

回答：

石头没有大脑，但这并不妨碍它那能记得上千年的事情的好记性。

我有时候会拾起一块石头，将它贴在耳朵边仔细聆听……想要诠释它无言的沉默，必须充分发挥想象力。

如果这是一块废墟上的石头，那么它将为我讲述它亲眼见证的掠夺与屠杀。

如果这是一颗圆圆的石子,那么我就知道它是如何被海浪遗忘在沙滩上。

如果这是一颗向内凹陷的菊石,那么它将告诉我侏罗纪时期棘皮动物的生活。

还有啊,别忘了埋藏在花岗岩中的石英,没有它,便没有现在电脑存储器的发明。

小不点儿,我跟你说,有一次有个家伙不怀好意地盯着我,我就扔了一块石头,把他家的窗户给砸碎了。真想找到那块石头,听听这个故事在它口中是什么样的。

就算石头自己不会思考,它也会引发你的思索。

还有噢,有一天,当我在吃午饭时,前总统瓦勒里·季斯卡·德斯坦竟然问了我一模一样的问题呢!

74 如何得知我们已坠入爱河?(10岁/露露)

回答:

爱有很多表现形式。对母亲的爱与对情人的爱不同,对自由的爱则不同于对杏仁巧克力的爱。

当爱转化成激情时,我们就将被糊涂的头脑、独占对方的渴望和嫉妒心所控制。

当你对一个人一见钟情时,爱就完全是那一瞬间的事:就像我在地铁上第一次遇见的那个女人,后来她成了我的妻子。在我眼里,她是如此神采奕奕,让人眼前一亮,带给我崭新的世界。最终,我们毫不犹豫地决定结合在一起。

然而,当我们表现出充满柔情的心动,当我们希望能带给那个人幸福,当我们想与那个人交换自己的情感,急不可待地想见对方,心里只想着对方,只有爱再也没有孤独时,我们就知道,自己已然陷入爱河。

人们总说"陷入爱河",似乎爱是一个陷阱。但不管是什么样的爱,都是非常美好的,如同神迹,就像烛台与蜡烛那样契合。

愿世上所有的爱都能得到回应!否则,求而不得的爱将成为深深的折磨、萦绕不去的烦恼。

也许当人们感到爱情来临的那一刻,就已经把自己放入了一个最危险的境地。

75 为什么我们只有一条生命？（8岁/玛雅）

回答：

小不点儿，我们先是拥有孩子的生命，然后是少年的生命，再后来是成人的生命，最后还有老年的生命。可以说，84岁的我，经历过很多生命，因为我的生命被分为很多不同的时期。

但是，同一时期内，我们是否只有一条生命呢？夜晚做梦的时候，我们是不是在一条平行的生命里？所谓的现实，是不是我们的白日梦？

某些宗教认为人们死后会拥有新的生命，这跟你说的刚好相反。有一些人会说生命会轮回投胎，还有些人说生命结束后会有上天堂或下地狱的审判。还有阿帕彻人，他们认为自己死后会得到一片美丽的狩猎场。这些事儿，死后就知道真假啦。

另外，有一些人还认为，我们会一直重复相同的命运。若真是这样就太糟了，尤其是对那些夭折的孩子。

 妈妈说哲学能解答所有问题。那它知道我的钱包丢在哪儿了吗？我实在找不着了。（7岁／亚瑟）

回答：

无论自己的东西是彻底丢了还是暂时不见了，都是一个教训。我们要从这个教训中学会更加小心仔细，避免再犯同样的错误。我年轻的时候在外旅行，不管是走路、骑自行车还是搭车旅行，都会把钱包用绳子牢牢地拴在衬衫里边儿。

丢东西也许能带来好运，比如钱包的新主人就走了大运了。如果只是暂时找不到了，那它可能只是安静地躺在沙发垫子下面。

话说回来，钱包不是什么不可取代的东西。要是在墓地里丢了自己的妈妈，或是在疯人院里失去了自己的理智，那就真的完蛋了。

77 为什么有的人不跟别人分享自己的钱财？
（9岁／波利娜）

回答：

因为他们永远觉得钱不够多！人类从本质上来说就是一种猛兽，我们的天性就是积累物资。

这一点在人类与金钱的关系上表现得淋漓尽致。从拥有金钱的那一刻开始,我们就总想拥有得更多。正因如此,奢侈品变成了一种需求。然而,钱都用来买奢侈品了,哪里还剩得下什么跟别人分享呀。

但幸运的是,世上依然还有好心人,愿意同情他人,分享自己的财富。

78 鸟儿是踩着彩虹飞向云朵的吗?（3岁／马达莱娜）

回答：

是呀,鸟儿就是在彩虹中寻找自己中意的羽毛颜色。我十分赞同你的想法,因为我觉得这个问题实在太可爱了,不过我的答案只是一种想象噢。

79 为何时间会流逝?（5岁半／朱莉娅）

回答：

因为这是没办法的事,我们无法阻止时间的流逝。它一直在往前跑,无法倒流。一秒钟也耽搁不得呀……

而且呀,时间像变幻无常的云朵一样,永远也不会重复。

80 要变成大人是不是就得长高？长高是什么意思？（6岁／路易莎）

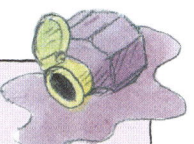

亲爱的先生：

我是《哲学》杂志的忠实读者，我经常跟我6岁的侄女路易莎分享您的答案。今天，我希望能向您提出一些她经常问的问题。由于我患有侏儒症，个子很矮小，这让路易莎总是想不通身高、成熟的心理和成年人之间的关系。她问的其中两个问题就是："要变成大人是不是就得长高？长高是什么意思？"

维奥丽特·V

回答：

我曾经有一位个子很小的女性朋友，简直像一个真人小模型似的。她跟我说，在一个晚上的招待会中，她被安排坐到梯子上，她在上面开玩笑说："这一定不是因为我的个子小！"这笑话真的绝了，所有人都捧腹大笑。她是一位歌手和演员，靠着自己的小矮个儿获得过像彼得·潘这样的角色。她个子太小了，但也因此变得与众不同，身体的残缺反而成了优势。她是第一个拿自己的个子开玩笑的人。她就像我认识的大部分"侏儒"那样，散发出蓬勃的生命力，让周围的人都能感受到坦然的愉悦，以及睿智的幽默。

幽默感是她从一开始上学时就锻炼出的一项技能。在存在欺凌和捉弄的学校里，跟别人不同的人很可能会成为全班的笑柄。这种情况下，人的自尊心很容易遭受打击。想成熟地应对变化无常的命运，就可以选择保持幽默感。只要有了幽默感，我们就像在生活中拥有了一件为自己量身打造的盔甲。

每当我遇到有一些异于常人的人，都会借助幽默感来让自己的关心不显得居高临下。比如有一天，在柏林的一家大商场里，我买了一只非常大的玫瑰色旅行箱。我提着这只箱子在电梯里碰到一位又

瘦又小的老妇人。我用亲切的语气问道:"您喜不喜欢我的箱子呀?"

"当然!谁能忽略这样好看的颜色?"老妇人说。

"您也应该有这样一只箱子。您要是蜷着身子,肯定整个人都能躺进去,对您的子女来说可就省了一大笔买棺材的钱啦!"我跟你打赌,当时她真的被我逗笑了!

她明白,我说的话中绝不带一丝对她的嘲讽,这就是个正常人之间的笑话。

每个孩子都需要安全感,不要同情或嘲笑这一点。激发孩子的自信心是很有必要的,而他所面临的这些挑战正是治愈心理缺失的良药。我们应该学会将厄运转变成手中的魔力,为生命找到方向。

补充一封来自让·罗贝尔的信:

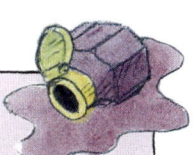

亲爱的汤米:

请原谅我鲁莽地给您寄信,我是行李箱故事中那位老妇人的儿子。

我母亲跟我说的完全是另外一个故事。

实话说,当时您的玩笑话还是让她大吃一惊,不过她还没反应过来,只好跟您一块儿笑笑。当时她并没有意识到您幽默中的微妙之处,不过她说,这种幽默的方式也不会让她产生不好的想法。

> 然而，她后来真的想为自己的葬礼选择您说的那种经济的形式。玫瑰色确实与她很相配，这一点要感谢您。且不提幽默的趣味，光是从她的葬礼中省下的费用，对我来说也算是个小小的收获了。而且确实由于高龄，她个子也缩小了，将她装进行李箱这一步也将更容易实现。
>
> 温格尔先生，谢谢您的专栏故事。母亲至今每次提起都忍俊不禁。
>
> 祝好。
>
> 让·罗贝尔
>
> 附：母亲名为丽姿，她一切都好。她的中间名就叫玫瑰。

 为什么我们有时对自己没信心？（6岁／拉斐尔）

回答：

想要有自信，必须变得足够傲慢和自负。只不过这些都是暴君和狂热分子的专利，他们自认为永远是对的，时刻准备着像公鸡在粪堆上打鸣那样向别人叫嚣。

从很小的时候开始，我就总是对外界抱有质疑，没有安全感。但这并不影响我通过表达自己的信念来获得旁人的肯定，因为我总是尊重他人不同的观点。相比争吵，我更喜欢与别人讨论问题。正是由于各种不确定性，人们才会带着好奇心，千方百计地向不同的方向去探寻答案。

战后在我的高中，学校里的一位老师经常对我说："在你对文学感兴趣之前，先给我把你的德国口音去掉！"这句侮辱人的话让我对自己的阿尔萨斯血统有了更深刻的认同感，也让我对"肮脏的德国鬼子"这种措辞更加鄙视。那位老师可有自信了！我真要感谢他让我明白了什么叫愚蠢和盲目。

很可惜，这世上并不存在一份保险单，能保证我们在签署它之后就为所有事情上保险。因为没人能保证自己永远是对的！

82 人类能成功地去另一个星球生活吗?

（11岁／阿德里安）

回答：

不久的未来，这将是必要的，因为我们的地球正处在十分悲惨的境地。唯一的问题在于，其他的星球并不适合居住。我们必须像清理通风管道一样清理火山口，然后清空地球内部的岩浆，处理好里面的东西。正如儒勒·凡尔纳在他的《地心游记》中说的那样，地心被一个巨大的手电筒照亮。

补充一点：也许咱们还应该排空海洋中一部分海水，以便获得更多的地表面积。

83 我和10岁的哥哥诺姆，在这个问题上观点不一样：无，到底存不存在？（9岁／安迪）

回答：

如果把无当作空的同义词，那么它就存在，因为人们对它做出过科学意义上的定义；而如果把它当作虚无的同义词，那么它也存在，因为人们对它做过形而上学的定义，即什么都没有。

与其拥有两个，不如什么也没有。

以前能够一无所有，现在为什么就不行呢？

偷偷告诉你个秘密，这个词就是个小淘气。

 84 我们应不应该埋葬猫、狗和其他动物呢？
（8岁/露西尔）

回答：

当动物死去后，应该为了保护环境卫生而将它们埋葬起来。否则，我们身边将到处是动物尸体，这很可能会引发传染病——除非鬣狗们吃掉这些动物的尸体。不过，是不是应该为它们举行一场葬礼，则是另一回事。如果这些动物一生都忠诚地陪伴着我们，那么我想，我们确实应该通过仪式向它们表达感情。

我生活在爱尔兰的一片农场上。在我们这里，一旦有狗狗或者马儿去世，所有的家庭成员都会行动起来，向它致以最后的敬意。我们会为它带去鲜花，并在葬礼上聆听一支根据它的性格特意挑选的乐曲。

我还记得，我家的牧羊犬死后，在为它下葬之前，我儿子用一张羊皮将它裹了起来。我们在埋葬它的地方放置了一块石头，当作它的墓碑。

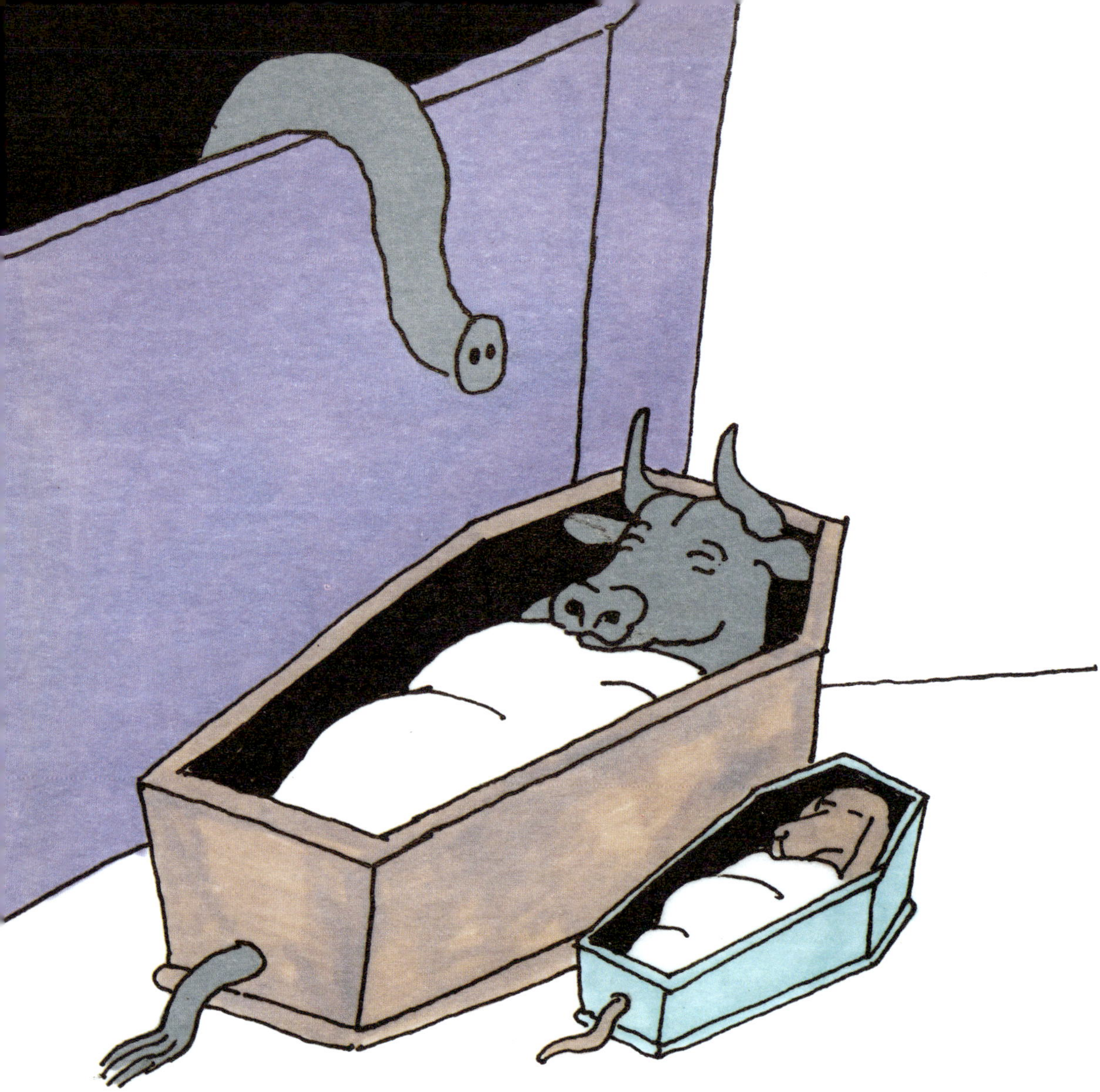

如果去世的是一匹马,那就复杂得多了。为了给它挖一块墓穴,我们得有一辆具有挖掘功能的拖拉机。我们家那片农场还挺大的,能挖出不少坑。如果换成是城里的别墅里那种小后花园,简直不敢想象。

其实,坟墓只不过是让回忆栖息的地方。城里人也可以用火葬的方式,保留动物的骨灰,留住它们带来的回忆。

85 世上真的有魔法吗？（9岁/西蒙）

回答：

魔法就是看起来无法解释的事。魔法师或魔术师在表演时使用了高超的技艺，却从不揭晓其奥义。也就是说，他们用扑克牌、圆环或帽子等，耍的其实是障眼法。

真正的魔法在大自然中。你去看看毛毛虫，它将自己缚在茧里，然后又变成蝴蝶从蛹里飞出来，此时，它的翅膀上慢慢地覆盖着颜色各异的心形瓦片……

生活中也有充满魔力的时刻。有时，我们会发现幸福本身也是一种障眼法。但是没关系，这些神奇的时刻永远都值得我们用心去感受，值得我们试着品尝其中的美妙滋味。

 如何构建生活？（6岁/瓦朗蒂娜）

回答：

想要给生活打下坚实的基础，必须从地基开始用心构建。

构建地基，也就是接受教育，学习知识。每一项新的知识或新的

经历都是打地基用的混凝土砖。

童年时期，我们盖起了第一层楼，那里有人来人往的宽敞的大厅，而爸爸妈妈就在门口的隔间里默默地守护着这层楼。

少年时期，我们盖起了第二层楼，有了它才有了我们以后的生活。有些人如果有远大的目标，则会尝试乘坐电梯，加速上升。

然而，我们的一生总是只能任凭地震、火灾或炸弹的摆布。一旦遭遇这些，只能从头再来。

这就是构建生活的过程。但是，我还要告诉你一个小秘密：虽说人往高处走是不错，但在生活这栋房子里只有住了人，一切才能变得有意义。

87 人类是如何由猴子演变而来的？（6岁半/萨姆）

回答：

《圣经》开头的《创世记》中写道：神就照着自己的形象造人。由于他本身长着灵长类动物的样子，因此造出的人也像猴子一样。亚当最开始就是雄猴子的样子，而夏娃就是雌猴。后来，他们的子孙后代不断进化，身上的毛发消失了，智力却提高了，并一直发展成今天的人类。

你看吧，其实关于人类起源的宗教故事和科学理论并不相悖，它们都认为人类起初看起来跟猴子似的。真希望我的这套理论，能化解宗教信徒和科学家之间的矛盾！

88 这个世界没有钱还能运转吗？（10岁／尼科拉）

回答：

如果真是那样，那存钱罐和赌场就都要完蛋了。商场里的东西都能免费拿。这世上再也没有房租、债务、税务这些东西……但糟糕的是，如果一个体系消失，得用另一个体系补上。因此就算没有钱，这个世界还是会建立在其他的东西上。比如说建立在定量分配兑换票的体系上。

而如果真像那样的话，大家将分配到这些物资：

每个孩子一只布娃娃或毛绒狗熊；

每周一整板巧克力；

每年四双袜子加一双皮鞋。

这样一来，独腿的人就能用另一只没用的鞋子去换白兰地或古巴雪茄了。

这就像二战期间实行的物资定量分配制度，在这种制度下，"黑市"肯定会重现江湖，供人们进行物物交换。在战争时期，就有人拿一包香烟换取一块黄油呢。

强制劳动所得的报酬也将由其他形式代替：表现优异者，能去餐厅美餐一顿，享受阳光假期，使用公家的汽车，还能得到燃料津贴。

毫无疑问，由于各式各样的金钱交易和人与人之间乏味的明争暗斗，生活变得那么复杂。正因如此，尽管人类已经有数不清的缺点，尽管贪婪最被人不齿，但对于自诩为受过教育的文明人来说，金钱仍旧是最猛烈的兴奋剂。这场关于不存在金钱的世界的乌托邦之梦十分具有吸引力，然而，如果有人真想实践，那它一定会转变成一场噩梦。

 **89** 为何有时我觉得自己隐形了呢？（5岁/安娜）

回答：

可能你正是需要不被别人注意。也许你的内心缺乏安全感，内向，害怕被人盯着或认出来。这是一种逃避的形式，就像有时我们会躲进自己的梦中一样。无论如何，这也比在一个隐形的世界中成为唯一能被看见的人好。想象一下，在一场足球赛中，大家分不清球员和观众，或者只有裁判员能被看见，会是怎样一种场景。这个裁判员就可能是你噢。

90 坏人值得被尊重吗？（6岁/盖比）

回答：

咱们总能想办法顺着坏人，去寻找到他们身上的闪光点，这就是我们常说的"实用主义"。不管是粗鲁的人也好、坏脾气的人也好，哪怕是专爱吓唬孩子的妖怪，内心深处都有一个敏感的地方。

说到这儿，我就要讲讲小季拉妲①的壮举了，这位手艺老练的大厨，让食人怪的菜单从小孩改为当地美食。啧啧，这些美食的滋味可比食人怪以前活生生吃掉的孩子们美味多啦！

所以呢，我们是得尊重坏人，但并非尊重他本人，而是尊重他应该成为的样子。

---

① 出自本书作者的绘本作品《季拉妲与食人怪》。——译者注

 **如何选择自己最好的朋友？**（8岁/保罗）

回答：

通过心灵感应噢！你对他人的好感无须多言就会被感觉得到。它可以是一瞬间就发生的，也可以是长期相处的结果。

每个人身上都有与你相似的优点和缺点，而别人与你不同的地方，也时常能与你互补。

我自己就是一个天生容易情绪激动、情感丰富的人，所以我总是在寻找性格平和、能处变不惊的朋友。

我生长在一个传统的资产阶级家庭里，我的母亲曾担心我最好的朋友来自工人家庭，但我非常尊敬工人，通过与他们交往，我破除了以前存在的狭隘的观念。

不过，还是得当心别与地痞流氓为伍——除非你是个小痞子！

为什么大家都觉得爱情很重要？难道这不夸张吗？（12岁/巴哈尔）

回答：

这是因为爱情让人神魂颠倒。当人们坠入爱河时，是很难清醒过来的。一般情况下，大家都会因为自己心中那种异常强烈、荒唐而又短暂的感觉而变得盲目。

另外，相对于爱情，我更欣赏友情，因为友情更易于控制，却又不失关爱和温馨。

当然了，爱还是要比恨好。爱情就好比我们从九天云外直直坠落下来，又像被一道神奇的闪电劈中。不幸的是，这道闪电来自狂风暴雨。有一次，我被一道真正的闪电击中了，是我那双橡胶鞋救了我的命。给你一条忠告：爱上别人之前，最好穿一双橡胶底的鞋吧！

93 为什么我不是你,而你也不是我?

（7岁 / 欧律狄克）

回答：

小时候,我是家里最小的孩子,大伙儿都喜欢逗我玩儿。我被弄得发火时,为了坚持自己的做法和看法就会还击道:"你又不是我!"一听我这么说,妈妈、哥哥和姐姐们就异口同声地重复我的话:"你又不是我!"他们总被这句话逗得哈哈大笑,而我却要被气疯了。

终于有一天,我受不了了,猛推了我9岁的姐姐一下,想狠狠地吓唬她。没想到她倒地不起,像死了一样。我以为我把她给杀了,双腿一软,号啕大哭,拼命摇晃她想让她活过来。这一招奇迹般地奏效了,她突然睁开眼睛,爆发出一阵大笑,说道:"你又不是我!"

不过……好在我们都是与众不同的,每个人都有一些别人所没有的东西噢!不然的话,生活将多无聊啊。

尽管这样,在这个社会中还是产生了班级、军队、协会等团体。这些团体在体育场里、摇滚演唱会上,或在偶像面前会挤作一团。这种场合下,我就是你,你就是我。这种聚集在一起的场合对于我来说确实没什么吸引力。因为我就是我,我有自由保持真我。别管那些面具、时尚、制服了,自由万岁啊!

我们应该学会站在别人的角度思考,这样才能更好地理解别人,也能更好地认识自己。我把这个叫作"你中有我"。人人平等,人人又不同,人人都有最好和最坏的一面。

94  如果宇宙是无限大的，那住在哪儿都没什么区别了？（12岁/雨果）

回答：

正好相反！有一个住的地方，是为了有一个栖身之地，一个家。住在帐篷里的流浪汉也好，巢里的鸟儿、地洞里的鼹鼠、壳里的蜗牛也好，才不在乎什么无限大，什么宇宙呢。生活的这处空间，就是为了满足我们的需求。

如果先知、哲学家和宇航员们想在无限大的宇宙中，寻找一个住处，那就有点像是空洞试图遁入虚无。无垠的宇宙就在我们头顶上悬着，但也不能因为这个，就跑去一颗零下15摄氏度的美丽星球上睡觉吧。

95 听话是什么意思？（5岁半/约瑟夫）

回答：

在大人眼里，做一个乖孩子就是听话，安静，不吵不闹。也就是说，你得像不存在一样，变成一幅没有面孔的画像，平和而乏味。也就是说,要做一个非常无聊的人。

你得听大人的:"别瞎想了,快照做!"然而,孩子可不是被驯服的宠物啊!塑造孩子人格的正是他们行为的差异,而让孩子获得成长经验的,正是一次次的惩罚。

随着年岁增长,我们积累了由成功、错误和悔恨组成的经验。这些经验让我们变得谨慎而稳重。我们可以把听话想象成一块长着长长的白胡子的指路牌。它拘谨客套,却又喜欢啰啰唆唆地说教。并且,当它认真严肃起来,还会变得无趣。

不过呢,做"听话的乖宝宝"还是有用的:大人们总是会告诉你能怎么办。遇到进退两难的难题时,我会去寻求比我更聪明的人的建议和指导,并且很庆幸能得到帮助。就像那句大俗话:"没有向导,穿越不了沙漠。"

三岁半那年失去父亲后,我总爱与比我年长、能给我建议的人交朋友,去听取、遵从、实践他们的建议,并且从未后悔这样做。因此对我来说,为我提建议的人们都有很重要的指

导作用。我的哥哥就是第一个给予我指导的人,他在我的床头用图钉钉着很多标语,例如:"要做坚韧不拔的人。"

这样一来,我们一生都能够不断受到教育。我以一个专业捣蛋鬼的身份在这本书上发挥自己的聪明才智。如果我给的建议不好,那就得你们自己开动脑筋啦,学着往跟我说的完全相反的方向去做吧。

 **您对问题给出的答案总是正确的吗?** (8岁/洛)

回答:

那可不一定噢。有几个人能自信自己完全是对的?如果能,那就是骄傲自大,是一种缺点,是拒绝讨论和拒绝接受改变。狂热分子和独裁主义者就专门这么干,他们擅长禁止反对意见。

我特别讨厌谈话变成吵架,所以我的格言就是:"当每个人都觉得自己有理时,就说明所有人都错了。"

当理性像橡皮筋一样富有弹性时,就可以给问题多种解释的可能性。另外,咱还能用这种橡皮筋来做"弹弓"。

话说回来,当我回答了你的一个问题之后,还是会再斟酌一下,确定没什么要修改的地方。

在最西边

在一次通话中，汤米·温格尔对我说，他居住在西欧最西边，那是爱尔兰的一个走私猖獗的海湾。在那里，不少潜水爱好者会遭遇不幸，他会将他们救起，安置到自家客厅里的那张一半浸了水的沙发上，并在等待救援团队到来的同时，为他们提供威士忌，一起开开玩笑。他还告诉我一座名为"魔鬼之齿"的巨大礁石，就矗立在他家对面的层层波涛之中，被他画进了《从来没人去过的雾岛》绘本。即使他已经提供给我如此丰富的信息，当我亲身前往并亲眼见到那些场景时，依然深受震撼。汤米生活的地方美不胜收，我之前从未见过那种风景，那里有一片放牧着绵羊的旷野，边缘尽是陡峭的悬崖。不，"美不胜收"还不足以描述这美景，应该用"壮美"。伊曼努尔·康德曾用这个词来同时表达美丽与敬畏，因为汤米居住在一个几乎是不适宜人类生存的地方，那里常年受公海的空气、碘元素及风雨的强力侵蚀，生存环境十分恶劣……

汤米在《哲学》杂志中对孩子们的回复并非从天而降，它们就是从此地发出的。他用传统的方式将答复发送给我，也就是说，我会每月一次，通过传真接收几页手写稿，上面还有涂涂改改、素描画、后加上的词句，以及编了号的题外话……然而，这些纸张来自一个与众不同的地方，一个遥远的地方，而这一点丝毫没有体现在汤米与孩子们独特的对话内容中。

首先，在这片被大西洋的波涛抽打着的撕裂的旷野上，既不存在信仰，也不存在法律。规则、礼节和谨慎都是属于城市居民的生活方式，这些东西在羊粪面前不值一提，在宏伟壮美的自然中不再重要。汤米不在乎自己会引发争议，也许社交网络上的热议也抵达不了他所在的地方，地理上的隔绝性让他远离了那些平常的社会道德观。其次，汤米在自己的文字和绘画中总是在玩关于恐惧的游戏。这一点也许来源于二战时期他在阿尔萨斯度过的童年时光，在接下来的内容中他时常会提及。不过，如果每个夜晚你都望着月亮从爱尔兰的海峡上升起，便能感受到幽灵就在身边，体验那让人回味的恐怖。最后，我认为像这样原生态的地方正好能为一位艺术家提供指导，帮助他直达事物的本质。汤米画画时，从来不会纠结于细枝末节，但他所有的信手涂鸦却都会成为令人心动的符号。而当他写作时，他追求的也是一如既往的简洁。似乎呼啸的狂风会带走无意义的闲聊，只留下足够的气息让你说完简短却必要的句子。

法国《哲学》杂志编辑

亚历山大·拉克鲁瓦

主题索引 ①

思考与知识

- 人们怎么老爱提问啊？ .... 第 1 页
- 石头能感到痛苦吗？ .... 第 5 页
- 我闭上眼睛的时候为什么能看到小小的画面？ .... 第 7 页
- 为什么我们会偏爱某些颜色呢？ .... 第 10 页
- 为什么我们要学习新知识？ .... 第 17 页
- 为什么有那么多那么多的书？ .... 第 24 页
- 时间是什么？ .... 第 41 页
- 当梦境来临时，那些晚上不睡觉的人怎么做梦呢？ ..... 第 42 页
- 我可不可以一辈子都活在梦里？ .... 第 49 页
- 是谁发明了火？ .... 第 54 页
- 读大人的书会让我长大吗？ .... 第 68 页
- 为什么总是有歌曲在我脑子里打转？ .... 第 72 页
- 石头可以思考吗？ .... 第 76 页
- 妈妈说哲学能解答所有问题。那它知道我的钱包丢在哪儿了吗？
  我实在找不着了。 .... 第 80 页
- 鸟儿是踩着彩虹飞向云朵的吗？ .... 第 81 页
- 为何时间会流逝？ .... 第 81 页

---

① 同一个问题可能被分到多个主题中。——编者注

- 我和 10 岁的哥哥诺姆，在这个问题上观点不一样：

    无，到底存不存在？ .... 第 88 页

- 世上真的有魔法吗？ .... 第 91 页

- 如何构建生活？ .... 第 91 页

- 如果宇宙是无限大的，那住在哪儿都没什么区别了？ .... 第 102 页

- 听话是什么意思？ .... 第 102 页

- 您对问题给出的答案总是正确的吗？ .... 第 104 页

友谊

- 怎样告诉一个人我喜欢他呢？

    还有，如果我很害羞的话，怎么才能交到朋友呢？ .... 第 7 页

- 我没有兄弟姐妹，感到孤独是正常的吗？ .... 第 66 页

- 当朱莉在我身边时，我压根儿不想跟她待在一块儿；

    但当她不在时，我又很想看见她。我该怎么办呢？ .... 第 71 页

- 如何选择自己最好的朋友？ .... 第 98 页

爱

- 怎样告诉一个人我喜欢他呢？

    还有，如果我很害羞的话，怎么才能交到朋友呢？ .... 第 7 页

- 我们如何能知道有人爱着我们？ .... 第 26 页

- 喜欢一个人就必须送他礼物吗？ .... 第 68 页

- 人们会为爱而死吗？ .... 第 73 页

- 如何得知我们已坠入爱河？ ……………………………… 第 77 页
- 为什么大家都觉得爱情很重要？难道这不夸张吗？ ……… 第 99 页

动物

- 动物都是有感情的吗？ …………………………………… 第 14 页
- 有动物园这事儿真的好吗？ ……………………………… 第 27 页
- 我头上的虱子死了后，会被埋进坟墓里吗？ …………… 第 38 页
- 我们应不应该埋葬猫、狗和其他动物呢？ ……………… 第 89 页

钱

- 为什么会有钱？ …………………………………………… 第 13 页
- 为什么金子对人们毫无用处，却那么值钱？ …………… 第 38 页
- 如果没有房子，我的人生会有什么改变吗？ …………… 第 61 页
- 贫穷有什么好处吗？ ……………………………………… 第 69 页
- 为什么有的人不跟别人分享自己的钱财？ ……………… 第 80 页
- 这个世界没有钱还能运转吗？ …………………………… 第 94 页

宇宙万物

- 为什么有宇宙大爆炸这个说法？ ………………………… 第 2 页
- 人类是怎样来到地球上的？ ……………………………… 第 3 页
- 在我们消失后，这颗星球上会出现什么呢？ …………… 第 19 页
- 星星后面是什么？ ………………………………………… 第 52 页

- 在无限之外是什么东西？ ······ 第 64 页
- 无限在哪里？ ······ 第 73 页
- 人类能成功地去另一个星球生活吗？ ······ 第 88 页
- 如果宇宙是无限大的，那住在哪儿都没什么区别了？ ······ 第 102 页

孩子与成年人

- 小孩子是从什么时候开始思考的？ ······ 第 2 页
- 当我妈妈发火的时候，她老说："没有'但是'！"
  但是，我觉得生活中是有"但是"的。所以呢？ ······ 第 20 页
- 为什么大人们总说自己没时间？ ······ 第 22 页
- 在科技方面，为什么小孩儿比大人更棒？ ······ 第 26 页
- 为什么青春期的人都感觉自己最厉害？ ······ 第 33 页
- 怎么学会做爸爸？ ······ 第 39 页
- 即便我是最小的，我可以不可以是最强的？ ······ 第 51 页
- 在父母眼里，我们是不是永远都是孩子？ ······ 第 74 页
- 要变成大人是不是就得长高？长高是什么意思？ ······ 第 83 页

家庭

- 当我妈妈发火的时候，她老说："没有'但是'！"
  但是，我觉得生活中是有"但是"的。所以呢？ ······ 第 20 页
- 我们如何能知道有人爱着我们？ ······ 第 26 页
- 怎么学会做爸爸？ ······ 第 39 页

- 为什么有时候我害怕自己的家人？ .... 第 57 页
- 我没有兄弟姐妹，感到孤独是正常的吗？ .... 第 66 页
- 在父母眼里，我们是不是永远都是孩子？ .... 第 74 页

人类与人性

- 人们怎么老爱提问啊？ .... 第 1 页
- 为什么我们会偏爱某些颜色呢？ .... 第 10 页
- 当人们赢得战争后，能获得些什么？ .... 第 12 页
- 为什么我总活着？ .... 第 16 页
- 我不喜欢失败。为什么这是个缺点？ .... 第 16 页
- 历史上，为什么总是黑人扮演坏蛋？ .... 第 21 页
- 有时早晨我们的心情特别好，但为什么有的时候却不是呢？ .... 第 21 页
- 为什么大人要吸烟？他们明明知道这是伤身体的呀 .... 第 23 页
- 为什么青春期的人都感觉自己最厉害？ .... 第 33 页
- 为什么金子对人们毫无用处，却那么值钱？ .... 第 38 页
- 都说每一种生物都有存在的价值，那我们呢？ .... 第 47 页
- 为什么有些人在撒谎时能被看出来，而有些人不会？ .... 第 47 页
- 即便我是最小的，我可以不可以是最强的？ .... 第 51 页
- 为什么妈妈不让我整天玩电子游戏？ .... 第 53 页
- 为什么我们不仅要爱自己，还要爱他人？ .... 第 60 页
- 如果没有房子，我的人生会有什么改变吗？ .... 第 61 页

- 妈妈说哲学能解答所有问题。那它知道我的钱包丢在哪儿了吗？
  我实在找不着了。……………………………………………………… 第 80 页
- 为什么我们有时对自己没信心？……………………………………… 第 86 页
- 为何有时我觉得自己隐形了呢？……………………………………… 第 96 页
- 坏人值得被尊重吗？…………………………………………………… 第 97 页
- 为什么我不是你，而你也不是我？…………………………………… 第 100 页

道德与社会

- 如果有人打了我一下，我能不能为了保护自己也打他一下？……… 第 11 页
- 当人们赢得战争后，能获得些什么？………………………………… 第 12 页
- 有动物园这事儿真的好吗？…………………………………………… 第 27 页
- 为什么会有脏东西？…………………………………………………… 第 32 页
- 为何这世界上有所有我们需要的东西？……………………………… 第 34 页
- 为什么要把东西放到正确的位置？…………………………………… 第 36 页
- 为什么我们不吃已经死掉的人的肉？………………………………… 第 43 页
- 为什么有的人喜欢嘲讽别人？………………………………………… 第 44 页
- 都说每一种生物都有存在的价值，那我们呢？……………………… 第 47 页
- 为什么每个人都不一样？……………………………………………… 第 50 页

死亡

- 在我们消失后，这颗星球上会出现什么呢？………………………… 第 19 页
- 死亡有什么好的地方？………………………………………………… 第 29 页

- 我头上的虱子死了后，会被埋进坟墓里吗？.................第 38 页
- 为什么我们不吃已经死掉的人的肉？.....................第 43 页
- 人死之后还能思考吗？................................第 55 页
- 人们会为爱而死吗？..................................第 73 页
- 为什么我们只有一条生命？............................第 79 页
- 我们应不应该埋葬猫、狗和其他动物呢？.................第 89 页

自然与科学

- 为什么有宇宙大爆炸这个说法？.........................第 2 页
- 人类是怎样来到地球上的？.............................第 3 页
- 精神是什么？是我身体里的电流吗？.....................第 32 页
- 我们为什么要睡觉？..................................第 36 页
- 时间是什么？..第 41 页
- 为什么水会流动？....................................第 45 页
- 地球是坐在火车上的吗？...............................第 48 页
- 为什么每个人都不一样？...............................第 50 页
- 天空是谁盖出来的？..................................第 56 页
- 走路要用脚，想东西用什么呢？.........................第 58 页
- 当我在说话时，是身体还是灵魂在说话？.................第 61 页
- 如果亚马孙丛林消失，人类是不是就再也没有呼吸的空气了？...第 63 页
- 为什么 $2+2=4$？...................................第 65 页
- 石头可以思考吗？....................................第 76 页

- 人类能成功地去另一个星球生活吗? ················· 第 88 页
- 世上真的有魔法吗? ································· 第 91 页
- 如何构建生活? ····································· 第 91 页
- 人类是如何由猴子演变而来的? ····················· 第 93 页

恐惧

- 黑暗中总是令人恐惧的是什么? ····················· 第 5 页

偏见

- 历史上,为什么总是黑人扮演坏蛋? ················· 第 21 页
- 为什么有的人喜欢嘲讽别人? ······················· 第 44 页
- 坏人值得被尊重吗? ································· 第 97 页

信仰

- 神是男人还是女人? ································· 第 4 页
- 是谁创造了神明? ··································· 第 28 页
- 真的需要信教吗? ··································· 第 51 页
- 为什么我们只有一条生命? ························· 第 79 页
- 人类是如何由猴子演变而来的? ····················· 第 93 页